Anita van Saan, Bärbel Oftring, Holger Haag

# TIER- & PFLANZEN-Führer

250 ARTEN UND 70 TIERSTIMMEN

KOSMOS

# Impressum

Umschlaggestaltung von Nakischa Scheibe unter Verwendung einer Fotografie von MarclSchauer/Shutterstock (Waschbär).

Klappengestaltung von Nakischa Scheibe unter Verwendung folgender Fotos und Illustrationen: Marianne Golte-Bechtle: Blütenschema, Distelfalter, Holunder, Kellerassel, Weberknecht, Wolfsspinne; Martina Berg/Fotolia.de: Schwarz-Erle; Frank Hecker: Fichte; sunnychicka/Fotolia.com: Weide; juliasv/Fotolia.com: Birke; pholidito/Fotolia.com: Rot-Buche; M. Schuppich/Fotolia.com: Platane; Steffen Walentowitz: Wespe, Zecke, Steinläufer; Jürgen Willbarth: Goldlaufkäfer, Stinkwanze, Rote Waldameise, Schwebfliege, Schnurfüßer; All Canada Photos/Alamy Stock Foto/Alamy.com: Waschbär.

Die 71 Aufnahmen der Tierstimmen, die über die Kosmos-Plus App abrufbar sind, stammen von Jean C. Roché.

## Vorsicht Fuchsbandwurm!

In Gegenden, in denen der Fuchsbandwurm weit verbreitet ist, muss vor dem Verzehr von Pflanzen und Früchten besonders in Bodennähe gewarnt werden. Es besteht die Gefahr, dass Eier des Fuchsbandwurms an den Pflanzen haften und dann mit aufgenommen werden. Eine schleichende, lebensbedrohliche Krankheit ist die Folge. Durch Waschen kann man die Eier nicht hundertprozentig entfernen. Eine Temperatur von 70° Celsius oder mehr tötet sie allerdings innerhalb weniger Minuten ab. Einfrieren schadet ihnen dagegen nicht. Beim Trocknen sterben die Eier in etwa einer Woche.

## Haftungsausschluss

Alle Angaben in diesem Buch erfolgen nach bestem Wissen und Gewissen. Sorgfalt bei der Umsetzung ist indes dennoch geboten. Der Verlag und der Autor übernehmen keinerlei Haftung für Personen-, Sach- oder Vermögensschäden, die aus der Anwendung der vorgestellten Materialien und Methoden entstehen können.

Unser gesamtes lieferbares Programm und viele weitere Informationen zu unseren Büchern, Spielen, Experimentierkästen, Autoren und Aktivitäten findest du unter **kosmos.de**

FSC
www.fsc.org
MIX
Papier | Fördert gute Waldnutzung
FSC® C015829

Gedruckt auf chlorfrei gebleichtem Papier


Pfizerstraße 5–7, 70184 Stuttgart
kosmos.de/servicecenter

ISBN: 978-3-440-17243-8
Redaktion: Veronika Lang
Layout: Nakischa Scheibe und Sigrid Walter
Satz: Sigrid Walter und Nakischa Scheibe
Produktion: Lena Santamaria
Druck und Bindung: Printer Trento
Printed in Italy / Imprimé en Italie

*Nr 1 Button: *Quelle: Media Control MC Metis, DACH, FY 2024, WG 42-Natur, Umsatz*

# Inhalt



**Wer lebt hier?**
Alle Pflanzen und Tiere in diesem Buch sind nach den Orten, wo du sie beobachten kannst, sortiert. Damit du dich schneller zurechtfindest, steht jede dieser vier Farben für einen Lebensraum.

# Hallo, liebe Naturforscherin und lieber Naturforscher!

Die gelben Blüten der Sonnenblumen strahlen im Spätsommer mit dir um die Wette.

Dieses Buch stellt dir die häufigsten Tiere, Pflanzen und Pilze vor, die du bei uns entdecken kannst. Viele findest du direkt vor deiner Haustür, nach manchen Arten musst du suchen oder sogar graben, um sie zu finden. Andere sind dagegen sehr auffällig und leicht zu entdecken. Bei deinen Streifzügen durch die Natur sind ein Kescher, eine Lupendose und ein Fernglas sehr hilfreich. Sie helfen dir beim Beobachten der Tiere.

## Schritt für Schritt bestimmen

Auf den Porträtseiten findest du alle wichtigen Informationen zu einer Art. Die **Farbleiste** am oberen Rand der Seite hilft bei der Suche nach Tieren und Pflanzen. Denn die unterschiedlichen Farben stehen für die verschiedenen Lebensräume. Natürlich kommen einige Arten auch in mehreren Lebensräumen vor.

Der Text neben dem **Landschaftssymbol** verrät dir, wo du die Art am ehesten findest.

Auf dem **großen Bild** werden dir die wichtigsten Merkmale der Art gezeigt. Einige Arten haben noch eine zusätzliche Abbildung, die dir Besonderheiten zeigt. Wenn Männchen und Weibchen unterschiedlich aussehen, ist meist das buntere Männchen abgebildet.

Das **Größensymbol**  zeigt dir, wie groß die Art ist.

**Zum Vögelbeobachten ist ein Fernglas sinnvoll.**

## Schon gewusst?

Die roten **Wichtig zu wissen!** -Kästen verraten dir interessante Zusatzinfos über die Tier- und Pflanzenart. Die grünen **Schau genau!** - und die gelben **Mach mit!** -Kästen geben dir Tipps zum Bestimmen und Selbermachen. In den orangefarbenen **Erstaunlich!** -Kästen findest du verblüffendes Detailwissen oder Rekorde.

Der **Totenkopf** und die **Finger weg!** -Kästen warnen dich vor sehr giftigen Pflanzen, die du auf gar keinen Fall in den Mund nehmen darfst oder berühren solltest. Hast du eine dieser Pflanzen angefasst, wasche dir auf jeden Fall die Hände. Achte auch darauf, keine geschützten Tiere und Pflanzen zu fangen oder abzupflücken. In Naturschutzgebieten gilt das übrigens für jede Art.

### Finger weg!

Generell gilt: Wild wachsende Pflanzen oder Pflanzenteile niemals in den Mund nehmen oder essen! Denn selbst wenn sie in diesem Buch kein Totenkopfsymbol tragen, sind viele Pflanzen ungenießbar oder leicht giftig. Manche Früchte oder Pflanzenteile kann man essen. Vorher solltest du die Pflanze aber immer einem Erwachsenen zeigen, der sich damit gut auskennt, und deine Eltern um Erlaubnis fragen.

# Pflanzen in einem Herbarium sammeln

Deine Lieblingspflanzen kannst du in einem **Herbarium** sammeln. Dafür suchst du dir eine schön blühende Pflanze oder ein typisches Blatt von einem Baum und presst es zwischen Zeitungspapier in einem dicken Buch (Vorsicht bei den giftigen Arten!). Nach einer Woche ist das Blatt oder die Pflanze getrocknet und du kannst sie auf ein weißes Blatt Papier kleben. Daneben schreibst du den Namen der Pflanze, den Ort und das Datum, an dem du sie gesammelt hast.

Bei Bäumen kannst du selbstverständlich auch die Blüten und Früchte sammeln, trocknen und aufkleben. Bei dicken Blüten und Früchten ist das etwas schwieriger. Einfacher ist es dann, ein Foto zu machen, das du neben die Blätter klebst. Mit Fotos kannst du übrigens auch eine schöne Tier-sammlung anlegen.

**Im Herbst macht es Spaß, Blätter in verschiedenen Farben zu sammeln.**

# Tiere mit und ohne Wirbelsäule

Bestimmt ist dir schon aufgefallen, dass es unzählig viele verschiedene Tierarten gibt. Manche sind groß, andere winzig klein, manche haben acht und mehr, manche nur zwei oder gar keine Beine. Um einen Überblick über das Tierreich zu gewinnen, fassen Biologen die Tiere, die ähnlich aussehen und bestimmte Körpermerkmale gemeinsam haben, zu Gruppen zusammen.

**Alle Tiere, die zur Gruppe der Wirbeltiere zählen, besitzen eine Wirbelsäule (1), die den oberen Körper stützt und an der die Gliedmaßen sitzen.**

**Weitere Merkmale der Wirbeltiere sind das von Knochen geschützte Gehirn (2) und die Haut, die aus mehreren Schichten (3) besteht und von Haaren, Federn oder Schuppen bedeckt sein kann.**

Weltweit gibt es heute etwa 54 000 Wirbeltierarten, die man in fünf Hauptgruppen aufteilt (siehe Tabelle auf der nächsten Seite).

# Wirbeltiere

## Säugetiere

mit Haaren oder Fell

gleichwarm (auch bei Kälte oder Hitze)

**zum Beispiel:**

- Hund
- Eichhörnchen
- Biber
- Wildschwein

Junge werden mit Muttermilch gesäugt

## Vögel

mit Federn

gleichwarm

**zum Beispiel:**

- Amsel
- Huhn
- Ente
- Storch

Eier mit harter Schale, aus denen die Jungen schlüpfen

## Reptilien

mit Schuppen

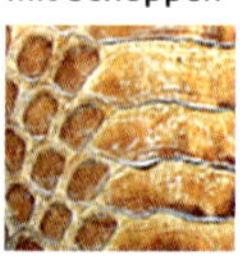

wechselwarm (so warm wie die Umgebung)

**zum Beispiel:**

- Eidechse
- Krokodil
- Schlange
- Schildkröte

Eier mit harter Schale, aus denen die Jungen schlüpfen

## Amphibien

mit Drüsen

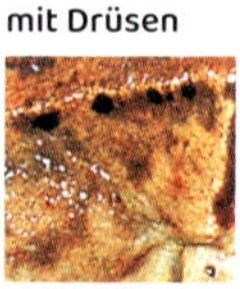

wechselwarm

**zum Beispiel:**

- Frosch
- Kröte
- Molch
- Salamander

Eier (oder Larven) werden im Wasser abgelegt, die Larven entwickeln sich zum lungenatmenden Landtier

## Fische

mit Schuppen

wechselwarm

**zum Beispiel:**

- Hai
- Karpfen
- Sardine
- Forelle

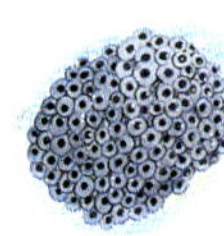

Eier im Wasser, aus denen sich Jungfische entwickeln; zum Teil lebend gebärend

Die meisten Tiere, genauer gesagt über 95 Prozent, besitzen aber **keine Wirbelsäule**. Sie zählen zu den **Wirbellosen**, wie zum Beispiel Muscheln, Schnecken, Würmer, Tintenfische, Krebse und Insekten. Besonders artenreich sind die Gruppen der Insekten, Krebse und Weichtiere, die man an folgenden Merkmalen erkennt:

## Wirbellose

**Weichtiere**

**Haut weich, Schale hart**

**wechselwarm**

**zum Beispiel:**

- Muschel
- Schnecke
- Tintenfisch

**keine Beine, allenfalls Fangarme wie beim Tintenfisch**

**Krebse**

**Panzer hart**

**wechselwarm**

**zum Beispiel:**

- Garnele
- Strandkrabbe
- Hummer

**zehn Beine, davon zwei als Scheren und acht zur Fortbewegung**

**Spinnentiere**

**Außenskelett hart**

**wechselwarm**

**zum Beispiel:**

- Hauswinkelspinne
- Kreuzspinne
- Zecke
- Weberknecht

**acht Beine, Körper zweigeteilt (manchmal verwachsen)**

**Insekten**

**Außenskelett hart**

**wechselwarm**

**zum Beispiel:**

- Schmetterling
- Käfer
- Biene
- Ameise

**sechs Beine, zwei Paar Flügel (manchmal zurückgebildet)**

# Den Bauplan von Blüten durchschauen

Alle Blüten – so unterschiedlich sie auch sind – haben gewisse Gemeinsamkeiten: Die Blüten bestehen aus den gleichen Teilen, die nur immer etwas anders aussehen. Unten siehst du die wichtigsten Teile einer Blüte.

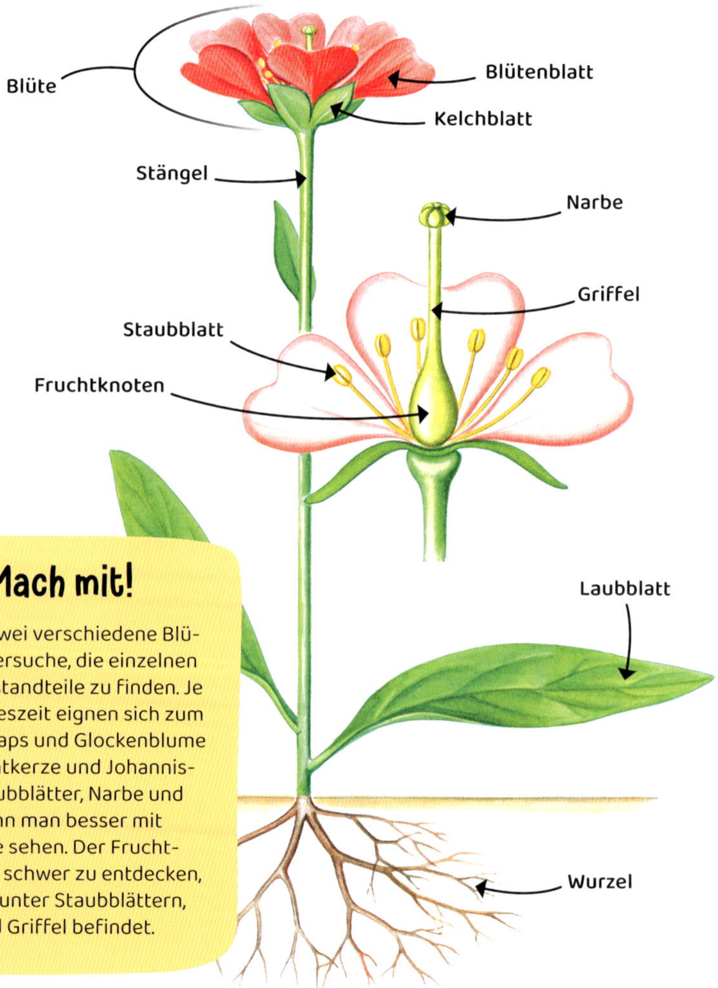


## Mach mit!

Sammle zwei verschiedene Blüten und versuche, die einzelnen Blütenbestandteile zu finden. Je nach Jahreszeit eignen sich zum Beispiel Raps und Glockenblume oder Nachtkerze und Johanniskraut. Staubblätter, Narbe und Griffel kann man besser mit einer Lupe sehen. Der Fruchtknoten ist schwer zu entdecken, da er sich unter Staubblättern, Narbe und Griffel befindet.

# Baum, Strauch oder Blume?

Nicht immer ist es leicht zu erkennen, ob du einen **Baum**, einen **Strauch** oder eine **krautige Pflanze** („Blume“) vor dir hast. So mancher Strauch sieht manchmal aus wie ein kleiner Baum. Genauso kann ein kleiner Baum wie ein Strauch aussehen, besonders in der Stadt oder im Garten, wenn ein Gärtner ihn beschneidet. Und selbst große Blumen wie die Klette können wie ein kleiner Busch aussehen. Ein **typischer Baum** wie die Buche hat einen festen, durchgehenden Hauptstamm. Davon gehen die Seitenäste und die beblätterten Zweige ab und bilden eine Baumkrone.

**Buche**

**Haselnuss**

Ein **Strauch** wie die Haselnuss hat dagegen mehrere gleich große Hauptstämme, die von unten her verzweigt sind und immer wieder durch neue Triebe aus dem Boden ergänzt werden. Und bei großen Blumen, die wie kleine Büsche aussehen, ist der Stängel meistens nicht so stark holzig, sondern eher weich. Oft lässt er sich leicht, auch ohne Säge, mit einem Messer abschneiden.

# Auf den Schnabel geschaut

Achte mal auf die Schnäbel der Vögel. Es gibt **dünne, spitze, kräftige, dicke, lange, kurze oder hakenförmige Schnäbel**. Der Schnabel eines Vogels ist so geformt, dass er sein Lieblingsfutter am besten fressen kann.

**Zaunkönig** und **Grauschnäpper** fangen mit ihren feinen und spitzen Schnäbeln **Insekten** wie mit einer Pinzette.

Der Schnabel von **Spatz** und **Grünling** ist viel dicker und kräftiger gebaut, damit sie leicht **Samenkörner** aufknacken können.

Die **Amsel** hat einen Allesfresserschnabel. Der ist sowohl spitz, um Insekten fangen zu können, als auch lang und kräftig genug, um damit in der Erde nach **Regenwürmern** zu stochern.

## Wichtig zu wissen!

Natürlich fressen die Vögel nicht ausschließlich das Futter, auf das ihr Schnabel spezialisiert ist. Zum Beispiel frisst der Spatz nicht nur Samenkörner. Besonders im Sommer schnappt er sich auch oft ein paar Insekten und zieht damit seine Jungen groß. Und wenn im Winter die Insekten knapp werden, sieht man manchmal den Zaunkönig, wie er sich am Futterhäuschen am Weichfutter bedient.

## Schau genau!

Mit etwas Übung reicht meist schon ein kurzer Blick auf den Schnabel, um die Vorlieben des Vogels einschätzen zu können. Das hilft dir auch bei der Bestimmung eines Vogels, du kannst ihn dann in eine bestimmte Gruppe einordnen. Probier es einfach mal aus!

# Die Vogeluhr

Es gibt zwei Gründe, warum Vögel im Frühling singen: Zum einen suchen sie damit einen Partner zum Brüten, zum anderen stecken sie damit ihr Revier ab und sagen so dem Konkurrenten: „Hier wohne ich, das ist mein Gebiet, hau bloß ab!"

Vielleicht ist dir beim **Gesang** schon mal aufgefallen, dass bestimmte Vogelarten nur zu einer bestimmten **Tageszeit** singen? Damit beginnen sie so pünktlich, dass du fast deine Uhr danach stellen kannst. Wenn sie morgens anfangen, richten sie sich nach dem Sonnenaufgang. Um das zu erleben, musst du also ziemlich früh aufstehen, denn der **Hausrotschwanz** fängt schon ca. 1 Stunde und 30 Minuten vor dem Sonnenaufgang an zu singen. Etwa 10 Minuten später setzt das **Rotkehlchen** ein. Nach weiteren 5 Minuten beginnt die **Amsel**. Der **Star** ist ein Spätaufsteher, der erst 10 Minuten nach Sonnenaufgang sein Lied singt. Mitte Mai geht bei uns um ca. 5.30 Uhr die Sonne auf und die Vögel fangen zu folgenden Uhrzeiten an zu singen:

## Mach mit!

Vielleicht kannst du ja auf einer Vogelstimmenexkursion von einem Naturschutzverein mitgehen, dort wird dir die Vogeluhr gezeigt. Das ist ein ziemlich beeindruckendes Erlebnis!

# Lebensraum Stadt und Dorf

# Lebensraum Stadt und Dorf

# Der Siebenpunkt-Marienkäfer

Auf den roten, hochgewölbten Flügeldecken trägt dieser Marienkäfer die namensgebenden schwarzen Punkte. Auf dem Halsschild sitzen seitlich zwei weiße Punkte, der Kopf ist recht klein.

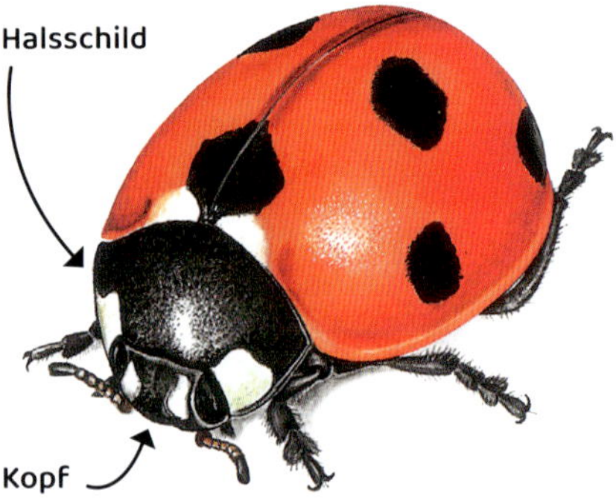


## Erstaunlich!

Marienkäfer sind eifrige Blattlausjäger. Ein Marienkäfer frisst bis zu 90 Blattläuse an einem Tag. Genauso gefräßig wie die Käfer sind die blaugrauen Larven mit den orangegelben Flecken: Während ihrer mehrwöchigen Entwicklung zum fertigen Käfer vertilgen sie über 600 Läuse. Weil die Menschen früher glaubten, dieser Käfer sei ein Geschenk der Gottesmutter Maria, gaben sie ihm den Namen Marienkäfer.

Der Siebenpunkt ist unter den rund 80 heimischen Marienkäferarten der häufigste. Er kommt überall vor, auch in Gärten und Innenstädten.

Larve des Siebenpunkt-Marienkäfers

**Seit über zehn Jahren breitet sich bei uns der Asiatische Marienkäfer aus, der gelb, orange, rot oder schwarz gefärbt ist und 0 bis 21 Punkte trägt. Du erkennst ihn aber an dem deutlich sichtbaren W auf dem Halsschild.**

Larve des Asiatischen Marienkäfers

Der Siebenpunkt-Marienkäfer ist 0,5 bis 0,8 cm lang.

Der Siebenpunkt-Marienkäfer ist das ganze Jahr über aktiv.

Jan | Feb | Mär | Apr | Mai | Jun | Jul | Aug | Sep | Okt | Nov

# Die Stubenfliege

Die Brust der dunkelgrauen Fliege mit den durchsichtigen Flügeln ist längs gestreift, der Hinterleib orangebraun und schwarz. Auffallend sind die großen dunkelroten Augen.

## Erstaunlich!

Stubenfliegen haben bemerkenswerte Fähigkeiten: Sie reagieren auf Bewegungen fünfmal schneller als ein Mensch. Sie können dank besonderer Haftlappen an den Füßen problemlos auf spiegelglatten senkrechten Flächen laufen und schmecken mit den Füßen.

Larve

Die Stubenfliege lebt überall. Sie ist nicht nur lästig, sondern kann Krankheitskeime auf unser Essen übertragen, weil sie auch auf Kot landet. Die madenförmigen weißen Larven entwickeln sich in faulenden Stoffen wie Essensresten, Kot oder Stallmist.

Puppe

**Die Stubenfliege ist etwa 1 cm lang.**

**Die Stubenfliege fliegt das ganze Jahr über.**

Feb Mär Apr Mai Jun Jul Aug Sep Okt Nov Dez

# Die Florfliege

Der grüne, schlanke Körper der zarten Florfliege trägt durchsichtige, grün geäderte Flügel, die viel länger als der Körper sind. Die Flügelspannweite misst bis zu 3 cm. Florfliegen werden aufgrund ihrer Augenfarbe auch als Goldaugen bezeichnet.

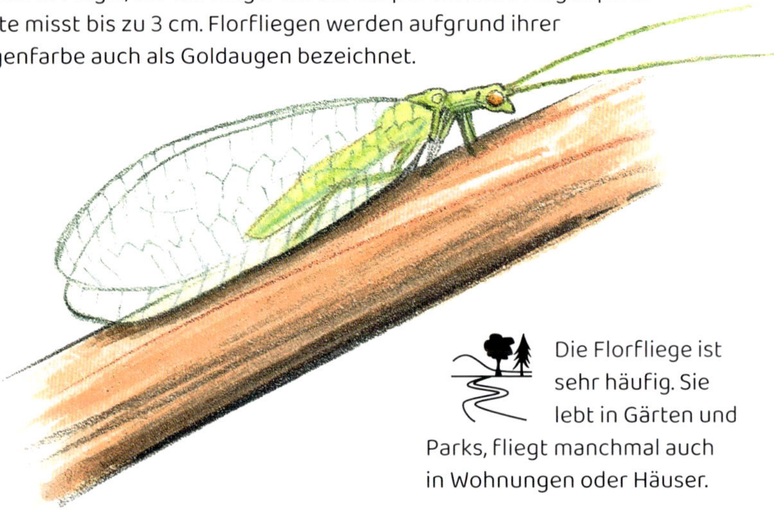

Die Florfliege ist sehr häufig. Sie lebt in Gärten und Parks, fliegt manchmal auch in Wohnungen oder Häuser.

## Schau genau!

Florfliegen legen ihre weißen Eier, die wie Luftballons an feinen Stielen kleben, in der Nähe von Blattläusen ab. Daraus schlüpfen braune, schlanke Larven, die gefährliche Blattlausjäger sind. Sie ergreifen ihre Beute mit ihren zangenartigen Mundwerkzeugen und saugen sie aus. Die leeren Körperhüllen der Blattläuse kleben sie zur Tarnung auf ihren Rücken.

Die Florfliege ist 1 bis 1,5 cm lang.

Die Florfliege fliegt das ganze Jahr über.

Jan | Feb | Mär | Apr | Mai | Jun | Jul | Aug | Sep | Okt | Nov

# Die Hornisse

Die Hornisse ist die größte Wespenart, die bei uns lebt. Der Hinterleib ist markant rot, schwarz und gelb gestreift und gemustert, der Brustteil braunrot und schwarz gefärbt. Wenn die Hornisse nicht fliegt, faltet sie ihre Flügel auf dem Rücken zusammen.

## Finger weg!

Hornissen können stechen, sind aber sehr friedlich. Ein Stich ist nicht gefährlicher und auch nicht schmerzhafter als ein Bienen- oder Wespenstich, sofern man nicht allergisch darauf reagiert.

Die Hornisse kommt recht häufig vor. Sie lebt in lichten Wäldern, Parks und Gärten und baut ihr Nest in Baumhöhlen, Nistkästen und die Hohlräume von Gebäuden.

## Wichtig zu wissen!

Im Frühjahr baut die Königin aus zerkautem Holz ein kleines Papiernest. In jede Wabe legt sie ein Ei und füttert die Larven, wenn sie geschlüpft sind. Aus diesen Larven entwickeln sich die Arbeiterinnen, die von nun an das Nest vergrößern und die Larven versorgen. Bis zum Herbst können es bis zu 700 Tiere werden. Im Herbst sterben die Arbeiterinnen, nur die Königin überlebt den Winter.

Hornissennest

**Die Arbeiterin ist etwa 2,5 cm, die Königin etwa 3,5 cm lang.**

**Die Hornisse fliegt von April bis Oktober.**

Feb | Mär | Apr | Mai | Jun | Jul | Aug | Sep | Okt | Nov | Dez

# Die Honigbiene 001

Der braune Bienenkörper ist mit gelbbraunen Haaren besetzt, am Hinterleib kannst du gelbe Streifen erkennen. An den Hinterbeinen sitzen „Höschen", in denen der Pollen transportiert wird.

## Wichtig zu wissen!

Ein Bienenvolk besteht aus bis zu 60 000 Arbeiterinnen. Die Königin bleibt im Stock und legt Eier. Die Arbeiterinnen versorgen die Königin und die Larven, bauen neue Waben aus selbst gemachtem Bienenwachs, bewachen den Stockeingang und sammeln Nektar und Pollen. Tanzend teilen sich die Bienen untereinander im dunklen Stock mit, wo genau die Futterquelle liegt.

Bienentanz

## Finger weg!

Die Arbeiterinnen der Honigbienen können schmerzhaft stechen. Für Menschen, die auf einen Bienenstich allergisch reagieren, besteht Lebensgefahr.

Honigbienen kommen überall vor. Sie sind Haustiere, die von Imkern in Bienenstöcken gehalten werden. Manchmal leben auch wilde Völker in Baumhöhlen.

**Die Arbeiterin ist etwa 1,4 cm, die Königin etwa 2 cm lang.**

**Die Honigbiene fliegt das ganze Jahr über.**

Jan | Feb | Mär | Apr | Mai | Jun | Jul | Aug | Sep | Okt | Nov

# Die Deutsche Wespe 002

Die schwarz-gelbe Färbung der Wespe kennst du sicherlich. Die ebenso häufige Gemeine Wespe sieht fast genauso aus. Ihr Körper ist zwischen Brust und Hinterleib stark eingeschnürt, das ist die Wespentaille.

## Schau genau!

Naschen die Wespen an süßen Getränken, Zuckerguss oder überreifen Früchten, so ist das Nahrung für die erwachsenen Tiere. Diese benötigen zuckerhaltige Nahrung als „Flugbenzin". Ihre Larven füttern sie mit erbeuteten Insekten und Fleischstückchen, die die Wespen mit ihren Mundwerkzeugen herausgeschnitten haben. Im Herbst sterben alle Wespen außer den Königinnen.

Die Wespe ist sehr häufig und kommt bei uns fast überall vor. Sie baut ihr Papiernest in dunkle Höhlungen, etwa in Mäuse- oder Maulwurfbauten, Komposthaufen, Hecken, Dachstühle, Rollläden- und Nistkästen.

## Finger weg!

Wespen können stechen. Da die Tiere im Sommer gerne am Tisch lästig werden und auch in süße Getränke krabbeln, musst du sehr aufpassen!

**Die Arbeiterin ist etwa 1,6 cm, die Königin etwa 2 cm lang.**

**Die Wespe fliegt von April bis Oktober.**

| Feb | Mär | Apr | Mai | Jun | Jul | Aug | Sep | Okt | Nov | Dez |
|---|---|---|---|---|---|---|---|---|---|---|

# Das Tagpfauenauge

Dieses Insekt kennst du bestimmt. Es ist unser bekanntester Schmetterling. Da er als fertiges Insekt überwintert, zum Beispiel auch in Gebäuden, kannst du das Tagpfauenauge schon an den ersten warmen Märztagen beobachten. Der Falter sitzt gern mit ausgebreiteten Flügeln in der Sonne und tankt Wärme.

## Erstaunlich!

Die großen Flecken auf den Flügeln sehen wie Augen aus. Mit ihnen täuschen die Schmetterlinge Vögel und andere Fressfeinde: Sie meinen, dass sie in die Augen eines viel größeren Tieres schauen – und lassen die Jagd auf das Tagpfauenauge lieber sein.

**Die Flügel des Tagpfauenauges sind mit winzigen Schuppen bedeckt.**

Das Tagpfauenauge ist der häufigste heimische Schmetterling, der in Gärten, Parks und lichten Wäldern vorkommt. Die schwarzen, stacheligen Raupen fressen Brennnesseln. Die hübschen Falter naschen gern an nektarreichen Blüten wie denen des Sommerflieders.

**Die Spannweite der ausgebreiteten Flügel beträgt 5 bis 6 cm.**

**Das Tagpfauenauge fliegt von März bis Oktober.**

Jan | Feb | Mär | Apr | Mai | Jun | Jul | Aug | Sep | Okt | Nov

# Der Kleine Fuchs

Bereits im Februar saugt der Kleine Fuchs an Huflattich- und Weidenblüten, denn auch diese Art überwintert als fertiger Schmetterling. Im Frühling legt das Weibchen bis zu 200 Eier an Brennnesseln ab. Die Raupen spinnen sich gemeinsam in ein großes Gespinst ein, das du im Frühsommer auf den Futterpflanzen entdecken kannst.

## Schau genau!

Der Kleine Fuchs sitzt wie alle Edelfalter nur mit vier Beinen auf Blatt und Blüte. Die beiden vordersten Beine sind nämlich ganz kurz. Es sind keine Laufbeine, sondern sie werden zum Putzen eingesetzt.

Auch der Kleine Fuchs ist ein sehr häufiger Schmetterling. Er kommt überall vor, wo genügend nektarreiche Blumen wie, Astern , Dost und Disteln wachsen. Die schwarzen stacheligen Raupen mit den gelben Längsstreifen fressen Brennnesseln.

**Die Spannweite der ausgebreiteten Flügel beträgt 4 bis 5 cm.**

**Der Kleine Fuchs fliegt von Februar bis Oktober.**

Feb | Mär | Apr | Mai | Jun | Jul | Aug | Sep | Okt | Nov | Dez

# Die Hain-Bänderschnecke

Der Körper der Hain-Bänderschnecke lässt sich wie bei allen Schnecken in Kopf, Fuß und Eingeweidesack gliedern. Mit dem muskulösen Fuß bewegt sie sich kriechend fort. In der Haut liegen Drüsen, die Schleim absondern. Das Schneckenhaus, das aus Kalk besteht, misst im Durchmesser 2 bis 3 cm und ist gelblich mit braunen oder schwarzen Streifen. Es schützt den Eingeweidesack, in dem die Organe liegen.

**Am Kopf befinden sich der Mund und vier griffelförmige Fühler, von denen das hintere, längere Paar an der Spitze die Augen trägt.**

**Eingeweidesack mit Organen**

## Mach mit!

Leere Schneckenhäuser kannst du sammeln, gut reinigen und trocknen lassen. Suche dir für die Häuschen eine geschützte Stelle im Garten, oder lege sie in einen Blumenkasten. Bestimmte Wildbienenarten nutzen die leeren Schneckenhäuser gern für ihre Brutzellen, da sie dort gut vor Wetter und Fressfeinden geschützt sind.

Die Hain-Bänderschnecke lebt in Gebüschen, lichten Wäldern und in Gärten. Sie ernährt sich von Pflanzen, die sie mit ihrer Zunge (Radula), die mit winzigen Zähnen besetzt ist, abraspelt und zermahlt. Den Winter verbringt sie in ihrem Schneckenhaus in einer Kältestarre.

**Die Hain-Bänderschnecke wird 2,5 bis 3 cm lang.**

**Die Hain-Bänderschnecke kannst du von März bis Oktober beobachten.**

Jan | Feb | Mär | Apr | Mai | Jun | Jul | Aug | Sep | Okt | Nov

# Die Große Rote Wegschnecke

Die Große Rote Wegschnecke zählt zu den gehäuselosen Nacktschnecken, bei denen der Körper praktisch nur aus dem lang gestreckten Fuß besteht. Vorn befindet sich auf der rechten Seite ein großes Atemloch. Die Färbung reicht von rot, braun, grau bis schwarz, seltener auch weiß. Stets rot bis bräunlich ist jedoch der Saum des Schneckenfußes.

**Schnecken bewegen sich auf einer selbst produzierten Schleimspur, die sie vor Verletzungen schützt.**

An feuchten, schattigen Stellen in Wäldern, Parks und Gärten kannst du die Große Rote Wegschnecke finden. Die Schnecke bildet ein schleimiges Sekret, um nicht auszutrocknen. Sie kriecht nur nachts oder bei feuchtem Wetter aus ihrem Versteck im Boden, unter Steinhaufen, Laub oder Holz. Ihre Nahrung, die mit der Raspelzunge zerkleinert wird, besteht aus Pflanzen, Laub, Pilzen, Früchten, Beeren, Aas und Kot. Den Winter verbringen die Tiere in einer geschützten Bodenhöhle.

## Wichtig zu wissen!

Nach der Paarung legen die Tiere ihre Eier im Boden ab. Ein Teil der Jungschnecken schlüpft noch im selben Jahr, die meisten überwintern jedoch und schlüpfen erst im nächsten Frühjahr.

**Die Große Rote Wegschnecke wird zwischen 10 und 15 cm lang.**

**Die Große Rote Wegschnecke ist zwischen April und Oktober aktiv.**

Feb | Mär | Apr | Mai | Jun | Jul | Aug | Sep | Okt | Nov | Dez

# Die Zauneidechse

Die Weibchen sind braun mit hellen Längsstreifen, die Männchen vor allem zur Paarungszeit im Frühjahr leuchtend grün an Kehle und Körperseiten.

Männchen

Weibchen

## Mach mit!

Wenn du an einem sonnigen Platz einen Steinhaufen oder eine spaltenreiche Trockenmauer anlegst, finden Zauneidechsen dort genügend Insektennahrung, Sonnenplätze, Winterquartiere und Versteckmöglichkeiten vor herumstreunenden Katzen. Und nicht vergessen: Zauneidechsen stehen unter Naturschutz!

Die Zauneidechse kommt an sonnigen Hängen, Waldrändern und Wiesen vor. Du kannst sie aber auch in naturnahen Gärten beobachten. Dort jagt sie Insekten, Asseln, Spinnen und Würmer. Die Zauneidechsenweibchen legen 10 bis 14 weichschalige Eier in den lockeren Boden, wo sie von der Sonne ausgebrütet werden.

**Die Zauneidechse wird 22 bis 25 cm lang.**

**Die Zauneidechse ist von März bis Oktober unterwegs.**

Jan | Feb | Mär | Apr | Mai | Jun | Jul | Aug | Sep | Okt | Nov

# Die Blindschleiche

Die Blindschleiche hat einen schlangenähnlichen Körper ohne Beine, obwohl sie eine Eidechse ist. Ihre Arme und Beine haben sich im Lauf der Entwicklungsgeschichte zurückgebildet. Am Skelett der Blindschleiche kann man aber heute noch Reste der Becken- und Schulterknochen finden. Die glatten, bräunlich grauen Schuppen glänzen metallisch.

## Schau genau!

Hast du schon einmal eine Blindschleiche mit einem verstümmelten Schwanz gesehen? Die Tiere haben eine vorgebildete Bruchstelle am Schwanz und können ihn bei Gefahr als eine Art Köder zur Ablenkung abwerfen.

Die Blindschleiche kommt in Wäldern, Gärten und auch auf Wiesen vor. Die meiste Zeit verbringt sie eingegraben im weichem Untergrund, im Gartenkompost oder unter dem Gras einer gemähten Wiese. Im Winter zieht sie sich tiefer in den Boden zurück und fällt in eine Kältestarre.

**Die Blindschleiche wird bis zu 45 cm lang.**

**Die Blindschleiche ist von Februar bis Oktober unterwegs.**

Feb | Mär | Apr | Mai | Jun | Jul | Aug | Sep | Okt | Nov | Dez

# Der Regenwurm

Der wurmförmige Körper des Regenwurms besteht aus bis zu 150 Segmenten. Seine rotbraune Haut fühlt sich feucht-schleimig an. Mithilfe der zahlreichen kurzen, seitlichen Borsten kann er vorwärts und rückwärts kriechen. Geschlechtsreife Tiere kannst du an ihrem verdickten Gürtel erkennen.

## Wichtig zu wissen!

Weil sie bei starkem Regen ihre bis zu 2 m in die Tiefe reichenden Gänge verlassen, heißen sie Regenwürmer. Über der Erde sind sie vielen Gefahren ausgesetzt. Entweder werden sie gefressen oder sie bekommen einen tödlichen Sonnenbrand und trocknen aus, da ihre empfindliche Haut sie nicht vor den gefährlichen UV-Strahlen der Sonne schützt. Du kannst ihnen helfen, indem du sie wieder unter feuchte Blätter setzt.

Regenwürmer kommen in jedem Garten vor. Sie leben im Erdreich und legen dort tiefe senkrechte Wohnröhren an. Sie spielen eine wichtige Rolle im Kreislauf der Natur, weil sie Falllaub und abgestorbene Pflanzenteile fressen und dabei den Boden auflockern. Ihre Kothäufchen kannst du oft im Garten auf dem Rasen entdecken, sie bestehen aus Humus, der die Böden fruchtbar macht.

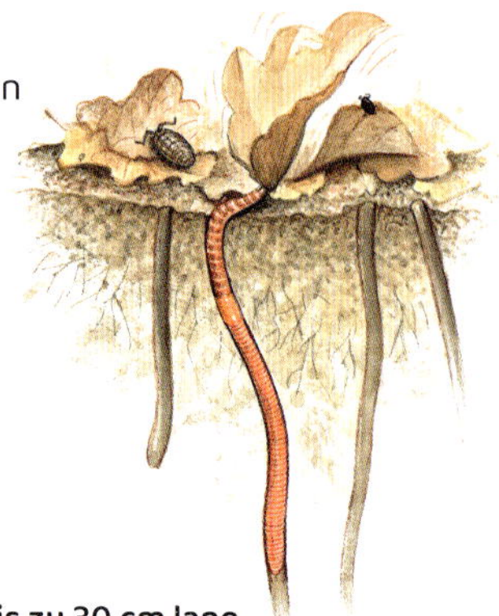

**Der Regenwurm wird bis zu 30 cm lang.**

**Der Regenwurm ist das ganze Jahr über unterwegs.**

Jan | Feb | Mär | Apr | Mai | Jun | Jul | Aug | Sep | Okt | Nov

# Der Steinmarder

003

Die Kehle des braunen, katzengroßen Steinmarders ist weiß, die Beine am lang gestreckten Körper sind recht kurz. Anders als der Steinmarder hat der verwandte Baummarder einen gelben Brustfleck, der sich nicht zu den Vorderbeinen hin gabelt.

## Wichtig zu wissen!

Wenn du nachts unterwegs bist, kannst du ihm gelegentlich begegnen, wenn er schnell und wendig die Straße entlanghuscht. Auf Autoscheiben hinterlässt der neugierige Steinmarder gern seine Pfotenabdrücke. In manchen Gegenden ist er zudem als „Automarder" verschrien, weil er in warme Motorräume steigt und dann aus Spiellaune in Gummischläuche beißt. Nachts kann er ziemlich laut sein.

Ursprünglich bewohnte der Steinmarder Felslandschaften, heute hat er Städte, Dörfer und Waldgebiete erobert. Tagsüber ruht er sich in Scheunen, auf Dachböden oder in anderen Verstecken aus. Dort kommen auch die Jungen zur Welt. In der Dämmerung wird der Steinmarder aktiv.

**Der Steinmarder kann 45 cm und sein Schwanz 25 cm lang werden.**

**Der Steinmarder ist das ganze Jahr über unterwegs.**

Feb Mär Apr Mai Jun Jul Aug Sep Okt Nov Dez

# Die Gartenspitzmaus

Die graue bis braune Gartenspitzmaus hat einen sehr kleinen Körper, kurze Beine, eine lange, bewegliche Schnauze und kleine Augen. Sie wird zwar von Katzen erbeutet, weil sie aber nach Moschus riecht, nicht gefressen.

## Wichtig zu wissen!

Spitzmäuse haben mit Mäusen nichts zu tun. Sie sind keine Nager, sondern gehören wie Igel und Maulwurf zu den Insektenfressern. Darum haben sie keine Nagezähne, sondern viele sehr spitze Zähnchen. Spitzmäuse ernähren sich von Regenwürmern, Käfern und anderen kleinen Bodentieren.

Die Gartenspitzmaus lebt in Gärten, Parks, Heckenlandschaften, im Brachland und am Waldrand. Sie ist meist nachts aktiv und legt oft kleine Pausen in Mauselöchern, Mauerspalten oder Kompost ein, um sich auszuruhen. Im Herbst geht sie auch in Häusern und Ställen auf Nahrungssuche. Damit die Jungtiere unterwegs die Mutter nicht verlieren, beißen sie sich im Fell des vorangehenden Jungtiers fest. Das nennt man Karawane.

**Die Gartenspitzmaus kann 8 cm und ihr Schwanz 3,5 cm lang werden.**

**Die Gartenspitzmaus ist das ganze Jahr über unterwegs.**

Jan | Feb | Mär | Apr | Mai | Jun | Jul | Aug | Sep | Okt | Nov

# Der Igel 004

## Mach mit!

Hast du einen Garten, kannst du dem Igel ein Versteck für sein Nest oder einen Schlupfwinkel für den Winter bauen. In einer Ecke des Gartens legst du einen Reisig- oder Holzhaufen an. Toll wäre es, wenn du eine feste Holzkiste mit Eingang hast, die du unten in den Haufen stellen kannst. Mit etwas Glück zieht bei dir ein Igel ein.

Der Igel ist unser einziges heimisches Säugetier mit hunderten spitzer Stacheln. Unter den Stacheln und auf der Brust trägt er ein braunes Fell, deshalb wird er auch Braunbrustigel genannt. In Osteuropa gibt es auch einen Weißbrustigel. Die Schnauze ist spitz zulaufend und er hat eine schwarze Nase. Bei Gefahr kann er sich zu einer stacheligen Kugel zusammenrollen.

**Halte doch mal nach Spuren Ausschau, die der Igel auf seiner Wanderung durch den Garten hinterlässt.**

Igel leben in lichten Wäldern und an Waldrändern, aber auch in offenen Landschaften mit Hecken und Gebüsch. Häufig ist er auch in Gärten unterwegs. Nur Nadelwälder oder zu feuchte Gebiete mag er nicht. Den Winter verschläft er in einem geschützten Versteck, das er mit Laub auspolstert.

**Winterquartier eines Igels**

**Der Igel kann bis zu 30 cm lang werden.**

**Der Igel ist von April bis November aktiv.**

Feb | Mär | Apr | Mai | Jun | Jul | Aug | Sep | Okt | Nov | Dez

# Das Eichhörnchen

005

Typisch für das Eichhörnchen sind das rot- oder dunkelbraune Fell und der buschige Schwanz. Er ist fast so lang wie das Eichhörnchen (15 bis 20 cm) selbst. An Bauch und Brust ist das Fell weißlich. Die Ohren haben im Winter zwei spitze Haarbüschel, die Pinselohren genannt werden. Das Eichhörnchen ruft häufig ein schmatzendes „**Tschuck-Tschuck**".

## Wichtig zu wissen!

Eichhörnchen vergraben im Herbst Nüsse und Eicheln als Wintervorrat. Viele dieser Verstecke finden sie wieder, dabei hilft ihnen ihre gute Nase. Sie finden ihren Vorrat auch unter einer dicken Schnee- oder Laubschicht und können sogar riechen, ob eine Nuss noch essbar ist. So sparen sie sich das mühsame Aufknacken der Schale, falls die Nuss verdorben ist.

Das Eichhörnchen fühlt sich in allen Wäldern wohl, auch in Parks und auf Friedhöfen. Da Eichhörnchen besonders tagaktiv sind, kannst du sie gut dabei beobachten, wie sie flink durch die Äste springen. Zum Schlafen baut sich das Eichhörnchen in den Baumkronen einen Kobel, eine Art geschlossenes Nest. Im Winter hält es an kalten Tagen Winterruhe.

**Das Eichhörnchen wird (ohne Schwanz) 20 bis 25 cm lang.**

**Das Eichhörnchen kannst du das ganze Jahr über beobachten.**

Jan | Feb | Mär | Apr | Mai | Jun | Jul | Aug | Sep | Okt | Nov

# Der Zaunkönig

006

Zaunkönig im kugelförmigen Nest

Der kleine, kugelige Vogel mit braunem, quer gebändertem Rückengefieder, weißem Überaugenstreif und heller Brust huscht flink wie eine Maus von Gebüsch zu Gebüsch. Seine kurzen Schwanzfedern sind meist steil aufgerichtet. Aus dem Schnabel des Winzlings tönt ein laut schmetternder Gesang, der manchmal auch im Winter zu hören ist.

Der Zaunkönig kommt im Unterholz von Wäldern, Parks und Gärten vor, gern auch in der Nähe von Wasser. Im dichten Gebüsch sucht er nach kleinen Insekten und Spinnen zum Fressen. Im Winter besucht er auch die Futterstellen.

## Wichtig zu wissen!

Das Zaunkönig-Männchen baut im Frühling mehrere kugelförmige Nester mit einem seitlichen Eingang. Meist sind diese gut versteckt in Holzstapeln, Efeuranken oder in den Baumwurzeln umgestürzter Bäume. Das Weibchen kann sich ein Nest davon aussuchen. Die anderen Nester sind aber nicht umsonst gebaut, sie werden gern zum Übernachten genutzt. Im Winter teilen sich sogar mehrere Zaunkönige ein Nest. So ist es wärmer und sie sparen wertvolle Energie.

**Der Zaunkönig wird 9 bis 10 cm groß.**

**Der Zaunkönig kommt ganzjährig vor.**

Feb | Mär | Apr | Mai | Jun | Jul | Aug | Sep | Okt | Nov | Dez

# Der Haussperling 007

## wird auch Spatz genannt

Das Männchen des Haussperlings erkennst du an seinem grauen Scheitel mit breiten, kastanienbraunen Streifen, am schwarzen Latz und den weißlichen Halsseiten. Beim Weibchen ist das Gefieder unauffällig graubraun mit dunklen Streifen und beigefarbenen Bändern an den Flügeln, die Bauchseite ist weißlich grau.

Männchen

### Wichtig zu wissen!

Haussperlinge teilen gern. Sobald ein Tier Nahrung entdeckt hat, lockt es seine Freunde und Verwandten durch Rufe und beginnt erst zu fressen, wenn diese da sind. Große Brocken werden meist mit dem Fuß festgehalten und dann zerkleinert.

Fast überall dort, wo Menschen leben, ob in Dörfern, Vorstädten oder Stadtzentren mit großen Parkanlagen, kann man Haussperlinge beobachten. Ihre Nahrung besteht hauptsächlich aus Samen, Körnern, Knospen oder aus Haushaltsabfällen. Das kugelförmige Nest aus Stroh oder Gras legen die Tiere in Höhlen, Spalten, Nischen an Bauwerken, in Felsen, Erdwänden oder Bäumen an. Sie suchen sich auch ungewöhnliche Nistplätze (wie Straßenlampen oder Baumaschinen).

**Der Haussperling wird 14 bis 16 cm groß.**

**Der Haussperling kommt ganzjährig vor.**

Jan | Feb | Mär | Apr | Mai | Jun | Jul | Aug | Sep | Okt | Nov

# Der Hausrotschwanz 008

Männchen

Das Hausrotschwanz-Männchen hat ein schwarzes Gesicht und schwarzes Bauchgefieder. Der Rücken ist aschgrau und hat auf dem Flügel ein helles Feld. Der Schwanz ist rostrot und fällt im Flug besonders auf. Das Weibchen hat ein helleres graubraunes Federkleid. Beide wippen und zittern auffällig mit dem Schwanz.

Oft kannst du noch vor der Dämmerung das raue, gepresste Lied des Männchens auf dem Hausdach hören. Bei Erregung ruft es laut „**teck-teck**".

Jungvogel

## Erstaunlich!

Der Hausrotschwanz ist ein fleißiger Sänger. Im Frühsommer kann er von Sonnenaufgang bis Sonnenuntergang fast ununterbrochen singen, nur am Nachmittag legt er eine Pause ein. Rechnet man die reine Gesangszeit, kommt der Hausrotschwanz auf über sechs Stunden. Stell dir einmal vor, du müsstest sechs Stunden am Tag singen!

Eigentlich mag der Hausrotschwanz sonnige Felslandschaften. Doch seit die Menschen Dörfer und Städte bauen, hat er sich auch dort angesiedelt. In Gärten findet er Insekten und Beeren. Sein Nest siehst du häufig in Mauernischen oder offenen Garagen. Im Herbst fliegt er in den Mittelmeerraum und überwintert dort.

**Der Hausrotschwanz wird 13 bis 14 cm groß.**

**Der Hausrotschwanz kommt von März bis Oktober vor.**

n | Feb | Mär | Apr | Mai | Jun | Jul | Aug | Sep | Okt | Nov | Dez

# Die Mehlschwalbe 009

Im Vergleich zur Rauchschwalbe hat die Mehlschwalbe nur einen leicht gegabelten Schwanz, ohne lange Schwanzspieße. Die Unterseite ist reinweiß, genau wie der Bürzel, der sich von dem blau schimmernden Rückengefieder absetzt und im Flug sofort auffällt. Sie ruft kurz „**prrt**" oder „**pripit**".

**Mehlschwalbe im Flug**

## Wichtig zu wissen!

Kommt es im April oder Mai noch einmal zu einem Kälteeinbruch, haben die Mehlschwalben ein Problem, denn dann fliegen keine Insekten mehr. Um nicht zu verhungern, können Mehlschwalben ihren Energieverbrauch um die Hälfte verringern, indem sie ihre Körpertemperatur um einige Grad absenken. In dieser Art Kältestarre können sie ein paar Tage ohne Nahrung überstehen.

Die Mehlschwalbe kommt etwa zwei bis drei Wochen später als die Rauchschwalbe aus ihrem afrikanischen Winterquartier zurück. Auch sie baut ihr Lehmnest meist in der Nähe von Bauernhöfen mit Vieh, wo es viele Insekten gibt. Doch sie jagt in größeren Höhen, oft zusammen mit den Mauerseglern, und fängt kleinere Insekten.

**Die Mehlschwalbe wird 13 bis 15 cm groß.**

**Die Mehlschwalbe kommt von April bis Oktober vor.**

Jan | Feb | Mär | Apr | Mai | Jun | Jul | Aug | Sep | Okt | Nov | D

# Die Rauchschwalbe 010

Im Flug fallen die langen Schwanzspieße dieses eleganten Fliegers auf. Das Rückengefieder der Rauchschwalbe glänzt metallisch blau, der Bauch ist weiß.. Stirn und Kehle sind auffällig dunkelrot. Im Sommer kannst du ihr schnelles, raues Zwitschern und ihren Flugruf „**Witt**" in den Dörfern hören.

**Rauchschwalbe im Flug**

Im April kehren die Rauchschwalben aus ihren afrikanischen Winterquartieren zurück. Sie brüten dann bei uns gern auf Bauernhöfen, wo Kühe und Schweine viele Fliegen anziehen. Im Herbst sammeln sie sich für die Reise nach Afrika häufig auf Leitungsdrähten und im Schilf.

## Schau genau!

Wie die Mehlschwalbe baut auch die Rauchschwalbe ein Nest aus Lehm. Du kannst sie dabei beobachten, wie sie in kleinen Pfützen mit dem Schnabel Lehmklümpchen sammelt. Doch während die Mehlschwalbe ihr Nest außen an Hauswänden anbringt, findest du die Rauchschwalbennester fast ausschließlich in Gebäuden und vor allem in Ställen. Schau genau hin, dann entdeckst du bestimmt ein Nest!

**Die Rauchschwalbe wird 18 bis 20 cm groß.**

**Die Rauchschwalbe kommt von April bis Oktober vor.**

Feb | Mär | Apr | Mai | Jun | Jul | Aug | Sep | Okt | Nov | Dez

# Das Rotkehlchen

011

An seinem orangeroten Gesicht und dem Kehllatz sowie den großen dunklen Augen ist das Rotkehlchen leicht zu erkennen. Der Rest des Gefieders ist unscheinbar oliv- bis graubraun. Ständig zuckt das Rotkehlchen mit Schwanz und Flügeln. Vor allem in der Morgen- und Abenddämmerung kannst du seinen leisen, melodischen, leicht traurigen Gesang hören. Bei Störungen warnt das Rotkehlchen dagegen mit einem scharfen „**Zick-zick**".

## Schau genau!

Junge Rotkehlchen sehen ganz anders aus als ihre Eltern. Sie haben zwar schon die leicht rundliche Gestalt, tragen aber ein rotbraunes Gefieder mit hellen Sprenkeln. Das ist eine prima Tarnung am Boden oder im Gebüsch. Aber schon im Herbst, nach der ersten Mauser (= Gefiederwechsel), bekommen sie auch eine rote Kehle und sehen aus wie ihre Eltern.

**junges Rotkehlchen**

Das Rotkehlchen hält sich in Wäldern mit viel Unterholz sowie in Parks und Gärten auf. Das Nest wird gut versteckt nahe dem Boden angelegt. Im Winter siehst du das Rotkehlchen an die Futterhäuschen kommen.

**Das Rotkehlchen wird 13 bis 14 cm groß.**

**Das Rotkehlchen kommt ganzjährig vor.**

Jan | Feb | Mär | Apr | Mai | Jun | Jul | Aug | Sep | Okt | Nov

# Der Zilpzalp 012

Unverkennbar singt der Zilpzalp laut seinen eigenen Namen, ein immer abwechselndes „**Zilp-zalp, Zilp-zalp**". Mit den Augen ist der kleine, unscheinbare Laubsänger schwieriger zu entdecken. Kopf und Rücken sind grünlich grau bis braun gefärbt und gut getarnt. Seine Unterseite ist schmutzig weiß bis gelblich. Meist turnt der Zilpzalp in den äußeren Zweigen von Bäumen und Büschen herum, auf der Suche nach kleinen Insekten.

## Schau genau!

Die Zwillingsart zum Zilpzalp ist der **Fitislaubsänger**. Er sieht dem Zilpzalp sehr ähnlich, hat aber etwas längere Flügel und helle Beine. Am leichtesten unterscheidest du sie am Gesang. Denn der Fitis hat einen kurzen, melodischen, von der Tonhöhe abfallenden Gesang. Obwohl beide Arten in Wäldern und Gebüschen leben, bauen sie ihr Nest gut versteckt am Boden.

**Fitis**

Der Zilpzalp kommt häufig in Laubwäldern vor, aber auch in großen Parks, Gärten oder Feldgehölzen. Er überwintert im Mittelmeerraum und in Nordafrika. Frühestens ab Mitte März ist sein typischer Gesang wieder bei uns zu hören.

**Der Zilpzalp wird 10 bis 12 cm groß.**

**Der Zilpzalp kommt von März bis Oktober vor.**

| Jan | Feb | Mär | Apr | Mai | Jun | Jul | Aug | Sep | Okt | Nov | Dez |
|---|---|---|---|---|---|---|---|---|---|---|---|

# Die Blaumeise

013

Wie der Name schon sagt, hat die kleine Blaumeise ziemlich viel Blau im Gefieder: einen blau-weißen Kopf, blaue Flügel und einen blauen Schwanz. Ihre Unterseite ist gelb und der Rücken grünlich. Im Frühling singt die kleine Meise ein helles „**Zi-zi-zirrr**".

**Blaumeise mit Jungvogel**

## Erstaunlich!

Blaumeisen bekommen ganz viele Junge. In manchen Jahren, wenn es viel zu fressen gibt, legen sie 9 bis 15 Eier. Dann wird es im Nistkasten ganz schön eng. Um die Jungen großzuziehen, sammeln die Eltern 7 000 bis 8 000 Raupen und andere Insekten.

**Blaumeise im Nistkasten**

Die Blaumeise kommt fast überall vor. Nur dichte Nadelwälder meidet sie etwas. Als Höhlenbrüter geht sie gern in aufgehängte Meisenkästen und brütet sogar manchmal in Briefkästen. Im Winter ist sie ein häufiger Besucher an den Futterhäuschen. Meist streift sie dann in kleinen Gruppen durch die Gärten.

**Die Blaumeise wird 10 bis 12 cm groß.**

**Die Blaumeise kommt ganzjährig vor.**

Jan | Feb | Mär | Apr | Mai | Jun | Jul | Aug | Sep | Okt | Nov

# Die Kohlmeise

014

Die Kohlmeise ist unsere größte und häufigste Meise. Ihren Namen verdankt sie ihrem schwarzen Kopf, dessen Wangen je ein weißer Wangenfleck ziert. Der Bauch ist gelb mit einem schwarzen Mittelstreifen. Flügel und Schwanz sind bläulich, der Rücken ist olivgrün. Ihre lauten „**Zizidäh-zizidäh**"-Rufe kündigen in der Regel den Frühling an.

## Erstaunlich!

Kohlmeisen und Blaumeisen sind ziemlich neugierig und erfinderisch, wenn sie an Futter kommen wollen. In England haben sie vor 70 Jahren gelernt, die Aluminiumdeckel der Milchflaschen aufzupicken, um an die leckere Sahne heranzukommen. Außerdem können sie eine Nuss, die an einem Faden an einem Zweig hängt, mit dem Schnabel nach und nach zu sich nach oben ziehen.

**Kohlmeise beim Öffnen einer Milchflasche**

**Kohlmeise am Meisenknödel**

Überall, wo es Bäume gibt, findest du auch eine Kohlmeise. Sie brütet in natürlichen Höhlen und Nistkästen. Im Winter ist sie ein gern gesehener Gast an Futterhäuschen und Meisenknödeln. Dort vertreibt sie gern als stärkste und frechste Meise die schwächeren hungrigen Vögel.

**Die Kohlmeise wird 13 bis 15 cm groß.**

**Die Kohlmeise kommt ganzjährig vor.**

Feb | Mär | Apr | Mai | Jun | Jul | Aug | Sep | Okt | Nov | Dez

# Der Gartenbaumläufer

015

Dank seiner braun-weiß gemusterten Oberseite ist es nicht so leicht, den Gartenbaumläufer an einem Baumstamm zu entdecken. Wie eine Maus läuft er ruckartig die Baumstämme hoch, der lange Schwanz dient ihm dabei als Stütze. Mit seinem langen, gebogenen Schnabel sucht er zwischen der Rinde nach Insekten.

In lichten Laub- und Mischwäldern, auf Streuobstwiesen und in Parks findest du den Gartenbaumläufer. Er mag vor allem Bäume mit grober Rinde wie Eichen, Eschen oder Obstbäume. Sein Nest baut der Gartenbaumläufer hinter abstehenden Rindenstücken oder in Stammspalten.

## Schau genau!

Achte einmal darauf, wie der Gartenbaumläufer am Stamm hochklettert. Er läuft nicht in gerader Linie hoch, sondern spiralförmig immer um den Stamm herum. Oben angekommen, fliegt er wieder an den Stammfuß eines benachbarten Baums. Normalerweise sind Gartenbaumläufer Einzelgänger, doch im Winter übernachten sie auch zusammengekuschelt in einer Baumspalte.

**So wechselt der Gartenbaumläufer den Baum.**

**Der Gartenbaumläufer wird 12 bis 14 cm groß.**

**Der Gartenbaumläufer kommt ganzjährig vor.**

Jan | Feb | Mär | Apr | Mai | Jun | Jul | Aug | Sep | Okt | Nov

# Der Kleiber

016

An seinem orangeroten Brust- und Bauchgefieder und dem grauen Rücken ist der Kleiber leicht zu erkennen. Sein auffälliger schwarzer Streifen am Auge erinnert etwas an die Augenklappe eines Piraten. Sein Kopf wirkt groß, vor allem wegen seines kräftigen Schnabels, mit dem er leicht harte Samenschalen aufhacken kann. Der Kleiber ist der einzige heimische Vogel, der Baumstämme auch kopfüber herunterlaufen kann. Er ruft laut und kräftig „**tuit-tuit-tuit …**“.

**Der Kleiber verkleinert den Eingang zur Bruthöhle.**

## Mach mit!

Im Winter versteckt der Kleiber gern Nüsse, Bucheckern und Sonnenblumenkerne als Vorrat in den Ritzen von Bäumen mit grober Borke. Schau dir die Rinde einer Eiche einmal genau an, vielleicht findest du ein paar Vorräte. Seinen Namen verdankt der Kleiber übrigens der Tatsache, dass er die Eingänge seiner Bruthöhlen mit Lehm so zuklebt, dass ihm keine größeren Vögel den Nistplatz streitig machen können.

Du findest ihn häufig in Parks, auf Friedhöfen und in Laubwäldern mit großen alten Bäumen, besonders alten Eichen. Im Winter kannst du ihn am Futterhäuschen beobachten, wie er sich Sonnenblumenkerne holt.

**Der Kleiber wird 13 bis 14 cm groß.**

**Der Kleiber kommt ganzjährig vor.**

n | Feb | Mär | Apr | Mai | Jun | Jul | Aug | Sep | Okt | Nov | Dez

# Der Mauersegler 017

Den Mauersegler kannst du fast immer in der Luft beobachten. Mit seinen schmalen, sichelförmigen Flügeln und dem gegabelten Schwanz ist er ein perfekter Flieger. Er erinnert etwas an Schwalben, ist aber größer und hat bis auf eine helle Kehle ein schwarzes Gefieder. Die Beine sind so kurz, dass er damit kaum laufen kann.

## Erstaunlich!

Der Mauersegler verbringt die meiste Zeit seines Lebens in der Luft, sogar im Schlaf. Dafür fliegt er abends bis zu 3 000 Meter hoch in die Luft. Dann segelt er die meiste Zeit. Er muss nur wenig mit den Flügeln schlagen, um ab und zu wieder an Höhe zu gewinnen. Bei Windstille segelt er in großen spiralförmigen Bahnen, um sich nicht so weit vom Ausgangspunkt zu entfernen.

Eigentlich brütet der Mauersegler in Felsspalten und Baumhöhlen. Mittlerweile lebt er aber auch in der Stadt und hat sich an das Leben in der Nähe der Menschen angepasst. Du kannst ihn gut dabei beobachten, wie er rasant durch die Häuserschluchten saust und schrill „**srii-srii**" ruft.

**Der Mauersegler wird 17 bis 19 cm groß.**

**Der Mauersegler kommt von Mai bis August vor.**

Jan | Feb | Mär | Apr | Mai | Jun | Jul | Aug | Sep | Okt | Nov | D

# Die Elster

018

Die Elster ist mit ihrem schwarz-weißen Gefieder und dem langen Schwanz unverwechselbar. Flügel und Schwanz haben bei entsprechendem Lichteinfall einen schönen blaugrün metallischen Glanz. Die Elster ruft laut und ein wenig heiser mehrmals **„tschack-tschack-tschack"**.

## Wichtig zu wissen!

Die Elster ist zwar diebisch, aber auch besonders schlau. Sie beobachtet zunächst immer alles misstrauisch und genau, bevor sie sich an unbekannte Sachen heranwagt. Diebisch ist sie, weil sie andere Vogelnester plündert.

Zum Brüten benötigt sie vor allem offene Landschaften und Dörfer mit hohen Bäumen. Doch seit es zwischen den Feldern immer weniger Bäume und Hecken gibt, ist sie nach und nach in die Städte gewandert. Hier gibt es in Mülleimern und auf Komposthaufen reichlich zu fressen.

**Elster beim Sonnenbad**

**Die Elster wird 40 bis 51 cm groß.**

**Die Elster kommt ganzjährig vor.**

Feb | Mär | Apr | Mai | Jun | Jul | Aug | Sep | Okt | Nov | Dez

# Der Star

019

Der Star hat ein schwarzes bis grün-violettes, metallisch glänzendes Gefieder. Nach dem Gefiederwechsel im Herbst zeigen die neuen Federn eine weiße Spitze. Daher hat der Star seinen Namen, denn die weißen Spitzen sehen aus wie Sterne. Er wird dann auch Perlstar genannt. Bis zum Frühling haben sich die weißen Spitzen abgenutzt und das Gefieder ist deutlich schwärzer. Der Schnabel leuchtet gelb.

## Schau genau!

Von Weitem sehen sich Star und Amsel recht ähnlich. Achte aber einmal darauf, wie sie über die Wiese laufen: Die Amsel hopst mit beiden Beinen, während der Star einen Fuß vor den anderen setzt und dabei mit dem Kopf wackelt. Der Star kann übrigens den Gesang anderer Vögel recht gut nachmachen. Also nicht wundern, wenn im Garten scheinbar ein Bussard ruft.

**Perlstar**

In lichten Wäldern, Parks und Gärten ist der Star zu Hause, wenn es dort geeignete Bruthöhlen gibt. Meist ist das eine alte Spechthöhle oder ein Nistkasten. Im Herbst bilden sich große Schwärme aus oft mehreren tausend Vögeln, die zum Überwintern in den Mittelmeerraum fliegen. Einige Stare bleiben in der kalten Jahreszeit auch bei uns, meist in den wärmeren Großstädten.

**Der Star wird 19 bis 22 cm groß.**

**Der Star kommt von Februar bis November vor.**

Jan | Feb | Mär | Apr | Mai | Jun | Jul | Aug | Sep | Okt | Nov

# Die Amsel

020

Die männliche Amsel hat ein einheitlich pechschwarzes Federkleid und einen leuchtend gelben Schnabel. Dagegen ist das Weibchen eher unscheinbar braun gefärbt. Die Amsel zählt zu unseren schönsten und melodischsten Sängern. Im Winter hörst du ihre schnellen „**Tick-tick**"-Rufe.

**Männchen**

**Amsel beim Brüten**

## Schau genau!

Amseln sind Meister im Nestbau. Zuerst wird ein napfförmiger Rohbau aus Wurzeln, Halmen und Moos angefertigt. Dann kleidet der Vogel das Ganze mit feuchter Erde und Lehm aus, sodass ein richtig hartes und stabiles Nest entsteht, wenn die Erde trocknet. Zuletzt polstert er mit einer Schicht feiner weicher Halme die Nestmulde aus. Die Nester werden meist in dichtem Gebüsch angelegt, kommen aber auch in einem Balkonkasten oder in einer offenen Garage vor. Vielleicht findest du ja eines bei euch in der Garage!

Eigentlich war die Amsel ein scheuer Waldvogel, doch vor ca. 150 Jahren ist sie langsam in unsere Dörfer und Städte eingewandert und zählt jetzt zu unseren häufigsten Brutvögeln.

**Die Amsel wird 24 bis 29 cm groß.**

**Die Amsel kommt ganzjährig vor.**

Feb Mär Apr Mai Jun Jul Aug Sep Okt Nov Dez

# Der Grünling

021

## wird auch Grünfink genannt

Wie sein Name schon sagt, ist der Grünling vor allem grün gefärbt. Die Männchen haben eher gelblich graugrüne Federn, die Weibchen ein blasseres braungrünes Gefieder. Das gelbe Flügelfeld und den dicken Schnabel haben beide. Der Gesang erinnert mit seinen trillernden und zwitschernden Tönen ein wenig an einen Kanarienvogel. Ansonsten ruft der Grünling häufig quäkend „**dschwäää**".

### Schau genau!

An den Schnäbeln der Vögel kannst du meist leicht erkennen, was sie fressen. Der dicke, klobige Schnabel des Grünlings ist gut geeignet, um größere Samen wie Sonnenblumenkerne und Bucheckern zu knacken oder um Früchte und Beeren zu fressen.

**Weibchen an Hagebutten**

**Männchen**

Der Grünling ist ein häufig vorkommender Vogel in Parks, Gärten, Dörfern und an Waldrändern. Er baut sein Nest gern in dichten Nadelbäumen und -büschen, meist in mehr als 2 m Höhe. Im Winter bilden sich oft kleinere Schwärme, die auch gemeinsam an die Futterhäuschen kommen.

**Der Grünling wird 14 bis 16 cm groß.**

**Der Grünling kommt ganzjährig vor.**

Jan | Feb | Mär | Apr | Mai | Jun | Jul | Aug | Sep | Okt | Nov

# Der Gimpel

022

## Wird auch Dompfaff genannt

Männchen

Ein gemütlicher, dicklicher Vogel mit hellrotem Brust- und Bauchgefieder, einer schwarzen Kopfplatte und einem schwarzen Gesicht – das kann nur der Gimpel sein. Der Rücken ist grau und im Flug leuchtet ein weißer Bürzel auf. Auffällig ist auch der dicke Körnerfresserschnabel. Das Weibchen ist etwas blasser gefärbt und hat ein hellbraunes Brust- und Bauchgefieder. Mit weichen „**Djüh**"- oder „**Bit-bit**"-Rufen halten die Gimpel untereinander Kontakt.

### Erstaunlich!

Früher wurden Gimpel häufig wie Kanarienvögel in Käfigen gehalten. Nicht nur wegen ihres schönen Gefieders, sondern auch wegen ihres Gesangs. Denn junge Gimpel sind sehr lernfähig. In der Natur lernen sie die Strophen von ihren Eltern. Wird ein junger Gimpel aber mit der Hand aufgezogen, kann er ein bis zwei Melodien und ganze Liederstrophen lernen, die ihm sein Pfleger vorpfeift.

Weibchen

In gebüschreichen Nadel- und Mischwäldern, auf Friedhöfen, in Parks und Gärten ist der Gimpel im Sommer zu Hause. Während der Brutzeit verhält er sich sehr unauffällig, sodass man ihn kaum sieht.

**Der Gimpel wird 16 bis 17 cm groß.**

**Der Gimpel kommt ganzjährig vor.**

Feb Mär Apr Mai Jun Jul Aug Sep Okt Nov Dez

# Die Ringeltaube

023

Die Ringeltaube ist die größte Taube Europas. Ihr Körper wirkt recht dick im Gegensatz zum relativ kleinen Kopf. Das Gefieder ist blaugrau mit rosavioletter Brust. Der weiße Fleck am Hals fällt sofort auf, ebenso die weißen Streifen im Flügel, wenn sie fliegt. Beim Auffliegen hörst du oft ein Flügelklatschen. Sie ruft vier- bis fünfmal hintereinander „**gurrr-gurr-gurr**".

## Schau genau!

Viele Vogelarten machen im Frühling nicht nur mit ihrem Gesang auf sich aufmerksam und grenzen so ihr Revier ab. Sie verbinden ihren Gesang mit besonderen Flugmanövern, den Balzflügen. Die Ringeltaube steigt zunächst 20 bis 30 m hoch in die Luft, um dann mit gestreckten Flügeln und gespreiztem Schwanz wieder abwärts zu gleiten. Am höchsten Punkt hörst du sie mit den Flügeln klatschen. Den Balzflug wiederholt sie bis zu fünfmal hintereinander.

Die Ringeltaube brütet sowohl in Laubwäldern als auch in offenen Landschaften mit Baumgruppen und vielen Hecken. Aber auch in Parks, Gärten und auf Friedhöfen kommt die Ringeltaube vor. Im Winter bilden sich größere Schwärme, die auf den abgeernteten Getreidefeldern nach übrig gebliebenen Körnern suchen. Im Wald suchen sie nach Bucheckern und Eicheln.

**Die Ringeltaube wird 38 bis 43 cm groß.**

**Die Ringeltaube kommt ganzjährig vor.**

Jan | Feb | Mär | Apr | Mai | Jun | Jul | Aug | Sep | Okt | Nov

# Die Türkentaube 024

„**Du-duh-du**" ruft die Türkentaube von einem Hausdach und macht so auf sich aufmerksam. Die relativ kleine, langschwänzige Taube hat ein einheitlich sandbraunes Gefieder, an dem dir bestimmt schon das schwarze Nackenband aufgefallen ist.

**vor ca. 100 Jahren**

**heutige Verbreitung**

Die Türkentaube ist ein Kulturfolger. Du findest sie in Städten, Dörfern, Parks und Gärten. Das Nest besteht aus lose zusammengeworfenen trockenen Zweigen und sieht sehr unfertig aus. Darin werden zwei- bis dreimal im Jahr zwei Junge großgezogen. Im Winter kommen Türkentauben auch an die Futterhäuschen.

## Erstaunlich!

Seit ca. 100 Jahren breitet sich die Türkentaube aus dem Südosten Europas rasant aus. Noch um 1950 gab es keine brütenden Türkentauben in Deutschland. Heutzutage hat sie ganz Westeuropa erobert. Solche Ausbreitungen von Vogelarten kommen immer wieder vor, meist verlaufen sie aber nicht so schnell wie bei dieser Vogelart.

**Die Türkentaube wird 31 bis 34 cm groß.**

**Die Türkentaube kommt ganzjährig vor.**

Feb | Mär | Apr | Mai | Jun | Jul | Aug | Sep | Okt | Nov | Dez

# Die Bachstelze

025

Mit kleinen, trippelnden Schritten läuft die Bachstelze umher. Dabei wackelt sie mit dem Kopf und wippt oft mit ihrem langen Schwanz. Das Gefieder ist schwarz-weiß und grau. Auffällig sind der schwarze Kehllatz, die schwarze Kopfkappe und die weiße Gesichtsmaske. Im wellenförmigen Flug ruft sie „**zli-ipp**" oder „**ziwlitt**".

## Wichtig zu wissen!

Der Name Bachstelze passt eigentlich viel besser zur **Gebirgsstelze**, denn sie lebt an sauberen, schnell fließenden Bächen und kleinen Flüssen. Dort baut sie ihr Nest in die Uferböschung oder in Höhlungen von Brücken. Du erkennst sie leicht an ihrem blaugrauen Rücken und Kopf, der gelben Unterseite und dem gelben Bürzel. Das Männchen hat im Gegensatz zum Weibchen eine schwarze Kehle.

Die Bachstelze ist ein Kulturfolger, sie wohnt gern in der Nähe von menschlichen Siedlungen. Hier baut sie ihr Nest in Nischen und Halbhöhlen, zum Beispiel in Holzstapeln oder unter dem Dach des Gartenhäuschens. Im Oktober ziehen die meisten Bachstelzen ans Mittelmeer, einige bleiben im Winter in warmen Gegenden auch hier.

**Gebirgsstelze (Männchen)**

**Die Bachstelze wird 17 bis 19 cm groß.**

**Die Bachstelze kommt von März bis Oktober vor.**

Jan | Feb | Mär | Apr | Mai | Jun | Jul | Aug | Sep | Okt | Nov

# Das Gänseblümchen

Wusstest du, dass die Blüte aus vielen winzig kleinen einzelnen Blütchen besteht? Die kleinen gelben Blüten heißen **Röhrenblüten** und sitzen dicht gedrängt im sogenannten Körbchen. Die weißen Blüten am Rand nennt man **Zungenblüten**.

## Mach mit!

Aus den zahlreich vorkommenden Gänseblümchen kannst du eine hübsche Blumenkette oder einen Kranz basteln. Mache in die Mitte eines jeden Stiels einen kleinen Schlitz und ziehe jeweils einen anderen Stiel hindurch. So kannst du eine schöne Kette anfertigen, um dich selbst oder den Tisch damit zu schmücken.

Am häufigsten wächst das Gänseblümchen auf Wiesen, die nicht zu oft gemäht werden. Dort kann es so dicht wachsen, dass Gräser dazwischen kaum noch Platz haben. Oft öffnen sich die Blütenkörbchen sogar im Winter.

**Das Gänseblümchen wird bis zu 15 cm hoch.**

**Das Gänseblümchen kann das ganze Jahr über blühen.**

Feb | Mär | Apr | Mai | Jun | Jul | Aug | Sep | Okt | Nov | Dez

# Die Zaunwinde

Die Zaunwinde kann etwas ganz Besonderes: Mit ihren beweglichen Trieben „windet" sie sich um Zäune und Stängel von Sträuchern immer in Richtung Licht. Die bis zu 5 cm großen Blüten sehen aus wie „Elfenhütchen".

Du kannst sie an Zäunen zwischen Gärten, aber auch in Hecken und Gebüschen finden. Manchmal breitet sie sich sehr schnell aus. Da sie andere Pflanzen überwuchert, gefällt das vielen Gärtnern gar nicht.

## Schau genau!

Suche einmal eine Zaunwinde in deiner Nähe und stecke daneben einen Stock in die Erde. In den nächsten Tagen kannst du beobachten, wie sich die Pflanze Stück für Stück um den Stab windet. Das tut sie übrigens immer gegen den Uhrzeigersinn – also linksherum.

Die Zaunwinde kann bis zu 3 m hoch ranken.

Die Zaunwinde blüht von Juni bis Oktober.

Jan | Feb | Mär | Apr | Mai | **Jun** | **Jul** | **Aug** | **Sep** | **Okt** | Nov

# Die Weiße Taubnessel

Ihre Blätter sehen denen der Brennnessel zum Verwechseln ähnlich. Aber sie sind „taub", das bedeutet, sie „brennen" nicht! Die Blüte sieht ein bisschen aus wie ein Tiergesicht: Sie hat ein geöffnetes Maul mit einer Ober- und einer Unterlippe.

**Blüte mit Ober- und Unterlippe**

**Der Stängel hat vier Kanten.**

## Mach mit!

Die Hummel holt den Nektar mit ihrem langen Rüssel tief aus der Blütenröhre. Probiere selbst einmal aus, ob du auch Nektar in der Blüte finden kannst: Zupfe vorsichtig eine Blüte heraus. Dann sauge hinten an der Blütenröhre. Na, schmeckst du etwas Süßes?

Taubnesseln begegnen dir überall an Weg- und Straßenrändern. Besonders häufig wachsen sie dort, wo früher einmal Schutt abgelagert wurde.

**Die Weiße Taubnessel wird 20 bis 50 cm hoch.**

**Die Weiße Taubnessel blüht von April bis Oktober.**

Feb | Mär | Apr | Mai | Jun | Jul | Aug | Sep | Okt | Nov | Dez

# Der Weiß-Klee

Den Weiß-Klee hast du bestimmt schon einmal gesehen. Er hat ein bis zwei kugelige Blütenstände, die aus vielen einzelnen Blüten bestehen. Die nach unten weisenden Blütchen werden schon früh braun. Für Bienen und Hummeln sind die Kleeblüten wichtige „Nektar-Tankstellen“.

## Mach mit!

Wer schaut am besten hin? Die Blätter des Weiß-Klees bestehen aus drei einzelnen grünen Teilblättern. Manchmal gibt es aber auch Kleepflanzen, die vier Teilblätter haben. Doch du musst schon sehr genau hinschauen, um ein vierblättriges Kleeblatt zu entdecken. Das gilt als Glücksbringer!

**Findest du ein vierblättriges Kleeblatt?**

Vor allem auf Wiesen, die nur selten gemäht werden, wächst der Weiß-Klee in großen Mengen. Wenn du ein Kaninchen hast, weißt du, wie gerne Tiere den Klee mögen.

**Der Weiß-Klee wird 5 bis 20 cm hoch.**

**Der Weiß-Klee blüht von Mai bis Oktober.**

| Jan | Feb | Mär | Apr | Mai | Jun | Jul | Aug | Sep | Okt | Nov |
|---|---|---|---|---|---|---|---|---|---|---|

# Das Schöllkraut

Zur Blüte des Schöllkrauts gehören vier gelbe Blütenblätter. Bricht der Stängel ab, kommt ein orangegelber **Milchsaft** aus dem Stängel-Ende. Manche Leute meinen, man könnte damit Warzen wegätzen.

## Finger weg!

Das Schöllkraut zählt zu unseren einheimischen Giftpflanzen. Wenn du diese Pflanze siehst, solltest du sie daher stehen lassen. Für Ameisen hingegen sind die Samen des Schöllkrauts ein wahrer Leckerbissen. Wenn die Tiere auf ihrem Weg einen Samen in einen Mauerspalt oder eine Ritze fallen lassen, kann dort eine neue Pflanze wachsen.

Die Pflanze wächst auf Schutt, an Hecken, an Wald- und Wegrändern. Oft findest du das Schöllkraut auch in Mauerspalten und Ritzen.

**Das Schöllkraut wird 30 bis 90 cm hoch.**

**Das Schöllkraut blüht von April bis Oktober.**

Feb Mär Apr Mai Jun Jul Aug Sep Okt Nov Dez

# Das Schneeglöckchen

Als erste Blumen im Jahr läuten die Schneeglöckchen mit ihren zarten, nickenden Blütenglöckchen den Vorfrühling ein. Oft liegt dann noch ringsum Schnee. Kein Wunder, dass jeder diese Blume kennt, der Schnee und Eis nichts ausmacht.

Das Schneeglöckchen wächst in den meisten Gärten. In einigen feuchten Laubwäldern und auf hausnahen Obstwiesen stehen viele tausend Schneeglöckchen dicht beisammen. Manchmal kommt es auch verwildert oder von Natur aus wild wachsend vor. Es ist eine geschützte Pflanze.

## Wichtig zu wissen!

Die Zwiebeln sind eine ideale Vorratskammer, in die das Pflänzchen Stoffe fürs Wachstum und zur Blüte eingelagert hat. Sie bilden sich schon im Vorjahr. Ebenso wie den Blättern und Blüten macht den Zwiebeln Frost gar nichts aus. Für den Menschen sind die Zwiebeln giftig.

Das Schneeglöckchen wird 5 bis 20 cm hoch.

Das Schneeglöckchen blüht von Februar bis April.

| Jan | Feb | Mär | Apr | Mai | Jun | Jul | Aug | Sep | Okt | Nov |
|---|---|---|---|---|---|---|---|---|---|---|

# Die Nachtkerze

Die Pflanze trägt zahlreiche 5 bis 6 cm große Blüten. Sie stehen dicht gedrängt unter- und nebeneinander am Stängel. Zuerst öffnen sich die unteren, dann nach und nach die oberen Blüten. Um sie wirklich geöffnet zu sehen, musst du warten, bis es dunkel wird. Denn die Nachtkerze öffnet ihre Blüten erst in der Dämmerung. So finden auch nachtaktive Insekten Nektar.

Der Nachtkerze begegnest du am häufigsten auf Schotter, auf Bahndämmen und alten Fabrikgeländen. Häufig wächst sie auch auf Schuttplätzen und sandigen Böden.

## Mach mit!

Beobachte einmal die Entfaltung einer Blüte: Mit einer Stoppuhr kannst du überprüfen, wie lange es dauert, bis sich die Blüte vollständig geöffnet hat. Übrigens hält jede Blüte nur zwei Nächte lang, dann verwelkt sie.

**Eine Blüte öffnet sich in wenigen Minuten und knistert dabei sogar.**

**Die Nachtkerze wird 50 bis 150 cm hoch.**

**Die Nachtkerze blüht von Juni bis September.**

Feb | Mär | Apr | Mai | Jun | Jul | Aug | Sep | Okt | Nov | Dez

# Der Rainfarn

Wie beim Gänseblümchen und bei der Kamille sitzen auch beim Rainfarn die winzigen Blütchen dicht gedrängt im Blütenkörbchen. Das einzelne Körbchen sieht aus wie ein gelber Knopf. Die grünen Blätter erinnern an Farnwedel. So kam der Rainfarn zu seinem Namen.

## Mach mit!

Wenn du einen Hund hast, kannst du ihm etwas Gutes tun: Schneide einige Stängel mit Blüten und Blättern ab. Lege sie eine Zeit lang in die Hundehütte oder in das Körbchen. Der Rainfarn hat einen intensiven Geruch. Er gilt als gutes Mittel gegen Ungeziefer, das sonst deinen Hund plagt. Wasche dir danach die Hände.

Du findest ihn fast überall an Wegrändern, auf Schuttplätzen und ungenutztem Land. Erst im Hochsommer steht er in voller Blüte.

**Der Rainfarn wird 40 bis 150 cm hoch.**

**Der Rainfarn blüht von Juli bis September.**

| Jan | Feb | Mär | Apr | Mai | Jun | Jul | Aug | Sep | Okt | Nov |
|---|---|---|---|---|---|---|---|---|---|---|

# Die Brennnessel

Diese Pflanze kennst du bestimmt! Fast jeder hat schon einmal eine unangenehme Erfahrung mit ihren „brennenden" Blättern gemacht. Doch wusstest du, dass diese Pflanze die wichtigste Futterpflanze für die Raupen des Tagpfauenauges ist? Ohne Brennnesseln gäbe es diesen wunderschönen Schmetterling nicht.

## Schau genau!

Schon mit bloßem Auge kannst du auf den Blättern feine Härchen sehen. Das sind die sogenannten Brennhaare. Mit einer Lupe kannst du genau beobachten, was passiert, wenn du mit einem Stift an die Härchen stößt. Die winzigen Köpfchen brechen ab und aus den starren Haaren tritt der Brennsaft aus.

**So sieht ein Brennhaar vergrößert aus.**

**Wenn du gegen ein Blatt stößt, bricht das winzige Köpfchen (oben) des Brennhaares ab und der brennende Saft läuft heraus (links).**

Die Brennnessel wächst an Wald- und Wegrändern, aber sie breitet sich auch in der Stadt, auf Schuttplätzen und ehemaligem Ackerland immer weiter aus.

**Die Brennnessel wird 30 bis 150 cm hoch.**

**Die Brennnessel blüht von Juni bis Oktober.**

Feb | Mär | Apr | Mai | Jun | Jul | Aug | Sep | Okt | Nov | Dez

# Die Klette

Die runden Blütenköpfe der großen Pflanze tragen oben einen Kranz rotvioletter Blüten, die etwas an eine Königskrone erinnern. Das kugelige Köpfchen darunter ist mit Hüllblättchen bedeckt, die an ihren Spitzen kräftige Haken haben. Dadurch bleiben die Blüten und damit auch die Samen im Fell von Tieren hängen.

Die Klette kommt häufig an Wegrändern und auf Schuttplätzen vor.

## Mach mit!

Die kugeligen Köpfe der Klette eignen sich prima zum Spielen. Aber bitte nicht in die Haare werfen, denn es ist sehr schmerzhaft, sie wieder zu entfernen. Wenn ihr euch aber alte Decken umhängt, könnt ihr euch mit den Kletten bewerfen und später zählen, wer die meisten Treffer hat. Außerdem könnt ihr auf einer Decke schöne Muster legen und diesen Schmuck an die Wand hängen.

**Mit ihren Häkchen bleiben die Blüten und Samen im Fell von Tieren – wie hier beim Fuchs – hängen. Diese sorgen so für die Verbreitung der Samen.**

**Die Klette wird 50 bis 150 cm hoch.**

**Die Klette blüht von Juli bis September.**

Jan | Feb | Mär | Apr | Mai | Jun | **Jul** | **Aug** | **Sep** | Okt | Nov

# Der Breit-Wegerich

Die Blüten des Breit-Wegerichs sind sehr klein und unscheinbar. Sie sitzen an der Spitze eines Stängels, der keine Blätter hat. Die Blätter liegen dicht über dem Boden. Eine Besonderheit des Breit-Wegerichs sind seine Samen, die bei feuchtem Wetter klebrig werden. Sie haften an Tierpfoten, an Schuhen und sogar Rädern und können so weit verbreitet werden.

**Wichtig zu wissen!**

Der verwandte **Spitz-Wegerich** wächst auf Weiden, Parkrasen, Ödflächen und Wegen. Er ist eine alte Heilpflanze und hilft als Tee oder Sirup gegen Halsschmerzen und Husten. Ein Brei aus frischen Blättern lindert Insektenstiche und wirkt desinfizierend und heilend bei kleinen Hautverletzungen.

Du kannst den Breit-Wegerich nahezu überall finden. Er besiedelt Wege und Wiesen, Schotterflächen und sogar Sportplätze.

**Der Breit-Wegerich wird 10 bis 30 cm hoch.**

**Der Breit-Wegerich blüht von Juni bis Oktober.**

Feb | Mär | Apr | Mai | **Jun** | **Jul** | **Aug** | **Sep** | **Okt** | Nov | Dez

# Die Kornel-Kirsche

Der Strauch oder kleine Baum ist mit seinen gelben Blüten einer unserer ersten Frühlingsboten. Die eiförmigen Blätter erscheinen erst nach der Blüte. Auf dem Blatt erkennst du sechs bis zehn gebogene Blattadern. Ab August sind die süßsauren roten Früchte reif. Sie haben im Verhältnis zum Fruchtfleisch einen großen Kern, was die Verarbeitung zu Marmelade sehr mühsam macht.

Eigentlich stammt die Kornel-Kirsche aus Südosteuropa, aber wegen ihrer Früchte wurde sie auch in Deutschland angepflanzt. Hier steht sie gern an warmen Standorten. Du findest sie an Waldrändern, Hecken und trockenen Hanglagen. In Gärten und Parks wird sie häufig gepflanzt.

## Wichtig zu wissen!

Das Holz der Kornel-Kirsche ist besonders hart, schwer und zäh. Das wussten auch schon die alten Griechen und Römer, denn aus diesem Holz ließen sich die besten Speere und Lanzen herstellen. Auch der Bogen des Odysseus soll aus dem Holz der Kornel-Kirsche gefertigt gewesen sein.

**Die Kornel-Kirsche wird bis zu 8 m groß.**

**Die Kornel-Kirsche blüht von Februar bis April.**

Jan | Feb | Mär | Apr | Mai | Jun | Jul | Aug | Sep | Okt | Nov

# Das Pfaffenhütchen

Dieser eher kleine Strauch oder Baum hat längliche, am Rand fein gezähnte Blätter. Die weißlichen Blüten haben vier Blütenblätter, die wie ein Kreuz angeordnet sind. Im Herbst fallen besonders die roten Fruchtkapseln mit dem orangenen Samen auf. Seinen Namen verdankt das Pfaffenhütchen der Form der Früchte, die an die Kopfbedeckung katholischer Pfarrer erinnert.

kreuzförmige Blüten

## Finger weg!

Vorsicht! Alle Pflanzenteile des Pfaffenhütchens sind für Menschen sehr giftig. Vögel können die Samen im Winter dagegen unbeschadet fressen.

## Wichtig zu wissen!

Das Pfaffenhütchen wird auch Spindelstrauch genannt. Denn früher wurden die Spindel zum Garnspinnen oder auch Stricknadeln aus diesem Holz gemacht.

In Hecken, Gebüschen und vor allem in Auwäldern kommt das Pfaffenhütchen oft vor. Wegen seiner schönen Früchte wird es auch in Gärten und Parks häufig angepflanzt.

**Das Pfaffenhütchen wird 2 bis 6 m groß.**

**Das Pfaffenhütchen blüht von Mai bis Juni.**

Feb | Mär | Apr | Mai | Jun | Jul | Aug | Sep | Okt | Nov | Dez

# Die Winter-Linde

Die stattliche Winter-Linde kann über 1000 Jahre alt werden. Ihre Blätter sind herzförmig mit einer kleinen Spitze. Auf der Blattunterseite findest du in den Achseln der Blattadern bräunliche Haare. An dem unauffälligen Blütenstand hängt ein hellgrünes Tragblatt, das später braun wird. Im Herbst dient es als Flugorgan, um die kleinen kugeligen Früchte möglichst weit fliegen zu lassen.

## Schau genau!

Im Sommer ist die Linde bei Autofahrern weniger beliebt. Parkt man unter einem Lindenbaum, kann es passieren, dass am nächsten Morgen das Auto von einer klebrigen Flüssigkeit überzogen ist. Dann sitzt der Baum voller Blattläuse, die die Linde mit ihrem Saugrüssel anbohren und einen Teil des Baumsafts in Form von klebrigem Honigtau wieder abgeben.

Die Winter-Linde steht verstreut in unseren heimischen Laubwäldern. Du findest sie aber auch in den meisten Parks oder als Straßenbaum.

**Die Winter-Linde wird 25 bis 30 m groß.**

**Die Winter-Linde blüht von Juni bis Juli.**

Jan | Feb | Mär | Apr | Mai | Jun | Jul | Aug | Sep | Okt | Nov

# Die Sommer-Linde

Im Gegensatz zur Winter-Linde sind bei diesem Baum die Achselhaare auf der Blattunterseite weißlich. Außerdem sind die herzförmigen Blätter etwas größer. Der Blütenstand ist ähnlich der Winter-Linde, hat aber meist weniger Einzelblüten. Die Sommer-Linde blüht etwa zwei Wochen vor der Winter-Linde.

## Wichtig zu wissen!

Bei unseren Vorfahren, den Germanen, hatten Linden eine besondere Bedeutung: Es waren heilige Bäume, die der Göttin Frigga geweiht waren. In jedem Dorf stand meist zentral eine Dorflinde. Dort fanden Feste und Versammlungen statt und es war auch der Gerichtsort. Noch heute gibt es in einigen Dörfern große alte Gerichtslinden.

Die Sommer-Linde ist ein Schattenbaum, der vereinzelt in unseren Laubwäldern steht. Als Straßenbaum und in Parks spendet er mit seiner großen Krone angenehmen Schatten.

**Die Sommer-Linde wird bis zu 40 m groß.**

**Die Sommer-Linde blüht im Juni.**

Feb | Mär | Apr | Mai | Jun | Jul | Aug | Sep | Okt | Nov | Dez

# Die Echte Mehlbeere

Die Echte Mehlbeere ist ein kleiner, unauffälliger Baum oder Strauch. Die Unterseite der großen, eiförmigen Blätter ist silbrig weich behaart. Aus den dicht beieinanderstehenden weißen Blüten entwickeln sich rote Früchte mit zwei Kernen. Erst nach Frost oder starkem Erhitzen können die faden, mehligen Früchte ohne Bauchschmerzen gegessen werden.

**Wichtig zu wissen!**

Ihren Namen verdankt die Mehlbeere ihren mehligen Früchten. In Notzeiten wurden sie getrocknet, zu Mehl gemahlen und unter den Brotteig gemischt. Heute freuen sich die Vögel darüber. Meist bleiben die roten Früchte aber bis in den Spätwinter hängen und werden erst dann gefressen.

Die Echte Mehlbeere mag es gern sonnig und warm. Sie steht an Waldrändern oder im lichten Wald. Aber auch in Parks und Gärten wird die Mehlbeere gepflanzt.

**Die Echte Mehlbeere wird 5 bis 12 m groß.**

**Die Echte Mehlbeere blüht von Mai bis Juni.**

Jan | Feb | Mär | Apr | **Mai** | **Jun** | Jul | Aug | Sep | Okt | Nov

# Die Haselnuss

Die Haselnuss ist ein typischer Strauch mit mehreren Stämmen. Die Blätter sind rundlich eiförmig und etwas behaart. Auf der Blattunterseite treten die Blattadern deutlich hervor. Der Blattrand ist fein gesägt mit mehreren größeren Zähnen. Schon früh im Jahr blüht die Haselnuss, lange vor dem Blattaustrieb. Im August/September wird die beliebte Haselnuss reif. Der Kern ist von einer sehr harten, hölzernen Hülle umgeben.

## Schau genau!

Trotz der harten Schale schafft es ein kleiner Rüsselkäfer, in die Nuss einzudringen: der Haselnussbohrer. Er nagt ein Loch in die noch junge Nuss und legt ein Ei hinein. Hat die Larve den Kern gefressen, nagt sie sich aus der Nuss und fällt zu Boden, wo sie sich zum Käfer entwickelt. Vielleicht kannst du ja einen dieser niedlichen kleinen Käfer entdecken.

**Haselnussbohrer**

In Laubwäldern, an Waldrändern, in Gebüschen, Hecken und an Bachufern ist die Haselnuss weitverbreitet. Wegen ihrer leckeren Nüsse ist sie aber auch oft in Gärten und Parks zu finden.

**Die Haselnuss wird 2 bis 8 m groß.**

**Die Haselnuss blüht von Februar bis April.**

Feb | Mär | Apr | Mai | Jun | Jul | Aug | Sep | Okt | Nov | Dez

# Die Ess-Kastanie

Die länglichen und bis zu 30 cm langen, scharf gesägten Blätter fallen sofort auf. Die Blätter sind ledrig und stark glänzend. Die hellgelben Blütenkätzchen sind mit 15 cm sehr lang. Im September/Oktober werden die Früchte reif. Die essbaren Kastanien (Maronen) sind von einer stacheligen Hülle umschlossen.

## Wichtig zu wissen!

Die leckere Ess-Kastanie ist wahrscheinlich von den Römern nach Mitteleuropa gebracht worden, da sie damals ein wichtiges Nahrungsmittel war. Damit ist sie aber nicht die einzige Pflanze, die von den Römern eingeführt wurde. Auch Wein, Walnüsse, Pflaumen, Pfirsiche, Quitten, Äpfel und Birnen, wie wir sie heute kennen, stammen von den Römern.

Da die Ess-Kastanie aus dem Mittelmeerraum stammt, wächst sie bei uns vor allem in den wärmeren Gebieten. Sie wird auch häufig in Parks und Gärten angepflanzt.

**Die Ess-Kastanie wird bis zu 30 m groß.**

**Die Ess-Kastanie blüht von Juni bis Juli.**

Jan | Feb | Mär | Apr | Mai | **Jun** | **Jul** | Aug | Sep | Okt | Nov

# Die Ahornblättrige Platane

Die Ahornblättrige Platane ist ein großer, mächtiger Baum. Die handförmig gelappten Blätter sind dem Spitz-Ahorn ähnlich, haben aber längere Blattstiele. Die Blattadern sind auf der Blattunterseite behaart. Die Früchte hängen bis in den Winter als kugelige Troddeln am Baum. Auffällig ist auch die grau und grün gescheckte Rinde. Sie lässt sich als dünne Rindenplatte leicht ablösen.

Rinde

Da die Platanen schnell wachsen, sehr robust sind und ihnen Luftverschmutzungen und starker Rückschnitt wenig ausmachen, werden die Bäume in Stadtparks oder an Straßen gepflanzt. In Wäldern findest du die Platane dagegen nicht.

## Wichtig zu wissen!

Die Blüten sind getrenntgeschlechtlich, das heißt, die männlichen und weiblichen Blüten sind nicht in einer Blüte vereint. Die männlichen Blütenstände sind klein, grün und kugelig, die weiblichen größer, rötlich und kugelig. Bei anderen Baumarten gibt es sogar männliche und weibliche Bäume, zum Beispiel bei der Eibe.

**Die Ahornblättrige Platane wird bis zu 35 m groß.**

**Die Ahornblättrige Platane blüht im Mai.**

Feb | Mär | Apr | **Mai** | Jun | Jul | Aug | Sep | Okt | Nov | Dez

# Die Silber-Pappel

Die Unterseite der Blätter ist dicht weißfilzig behaart, sodass der ganze Baum von Weitem silbrig leuchtet. Das Blatt hat drei bis fünf Lappen und der Blattrand ist grob gesägt. Bei der Silber-Pappel gibt es männliche und weibliche Bäume. Die Blütenkätzchen erscheinen vor dem Blattaustrieb. Die kleinen Samen hängen an einem weißlichen Haarschopf, der Ende Mai und Anfang Juni wie Watte durch die Gegend fliegt.

## Wichtig zu wissen!

Das Holz der Pappeln ist sehr leicht, weich und rissig und deshalb nicht sehr begehrt. Meist werden Papier, Zündhölzer, Holzwolle, Spanplatten oder Zahnstocher daraus gemacht. Auch die Holzclogs in Holland sind aus dem weichen Pappelholz geschnitzt.

Die Silber-Pappel wächst vor allem in Flussauen, die nicht regelmäßig überschwemmt werden. Aber auch in Parks wird sie wegen der schönen silbrigen Blätter gern gepflanzt.

**Die Silber-Pappel wird 15 bis 30 m groß.**

**Die Silber-Pappel blüht von März bis April.**

| Jan | Feb | **Mär** | **Apr** | Mai | Jun | Jul | Aug | Sep | Okt | Nov |
|---|---|---|---|---|---|---|---|---|---|---|

# Die Echte Walnuss

Die Blätter sehen denen der Esche ein bisschen ähnlich. Es gibt aber nur fünf bis neun Fiederblättchen, diese sind glänzend und haben einen glatten Rand. Die männlichen und weiblichen Blütenstände treiben mit den Blättern oft erst im Mai aus. Die Walnüsse hängen als grüne runde Früchte am Baum. Ab September platzt die Samenschale auf und die typische Walnuss erscheint.

Dank der Römer kommt die Walnuss auch bei uns vor. Meist wird sie in Parks und Gärten angepflanzt. Besonders in Weinanbaugebieten wächst sie auch an Waldrändern oder in Auwäldern.

## Schau genau!

Achte einmal darauf, ob unter Walnussbäumen viele andere Pflanzen stehen oder eher wenige. In den Blättern der Walnuss befindet sich nämlich ein Gift, das nach dem Blattfall freigesetzt wird und das Wachstum anderer Pflanzen beeinträchtigt. Ein Walnussbaum im Garten hat neben den leckeren Nüssen noch den Vorteil, dass die duftenden Blätter die Fliegen und Mücken fernhalten.

**Die Echte Walnuss wird bis zu 25 m groß.**

**Die Echte Walnuss blüht im Mai.**

Feb | Mär | Apr | **Mai** | Jun | Jul | Aug | Sep | Okt | Nov | Dez

# Der Ginkgo

Wie ein kleiner grüner Fächer hängt das Ginkgoblatt an einem langen Stiel. Auffällig sind die parallelen, gabelig verzweigten Blattnerven. Der Blattrand sieht etwas ausgefranst aus. Beim Ginkgo gibt es männliche und weibliche Bäume. Meist werden aber nur männliche Bäume gepflanzt, da die weiblichen runden, gelbgrünen Früchte unangenehm stinken.

Frucht

## Erstaunlich!

Der Ginkgobaum ist ein lebendes Fossil, den es schon vor 180 Millionen Jahren gab, als noch die Dinosaurier die Erde beherrschten. Obwohl der Ginkgo Blätter wie ein Laubbaum hat, gehört er zur Gruppe der Nadelbäume. Er ist damit der einzige Nadelbaum, der flächige Nadelblätter hat.

Ursprünglich kommt der Ginkgobaum aus einem kleinen Gebiet in Ostchina. In Deutschland findest du ihn in Parks und Gärten. Da er so widerstandsfähig gegen Umweltgifte ist, wird er auch oftmals als Straßenbaum gepflanzt.

**Der Ginkgo wird bis zu 35 m groß.**

**Der Ginkgo blüht von März bis April.**

| Jan | Feb | Mär | Apr | Mai | Jun | Jul | Aug | Sep | Okt | Nov |
|---|---|---|---|---|---|---|---|---|---|---|

# Die Robinie

Die Blätter der Robinie haben bis zu 23 Fiederblättchen. Diese sind länglich eiförmig und haben einen glatten Rand. An der Basis der Blätter befinden sich zwei lange, spitze Dornen. Die Blüten hängen wie weiße Trauben am Baum und duften sehr stark. Bienen finden hier reichlich Nektar und stellen daraus den leckeren Akazienhonig her.

## Schau genau!

Die Rinde der Robinie ist sehr rissig und tief gefurcht. Wenn du dir ihre Rinde oder die sehr grobe Rinde von anderen Bäumen genau anschaust, dann entdeckst du wahrscheinlich in den Ritzen kleine Samenkörner, Bucheckern oder aufgehackte Nüsse. Hier haben sich Kleiber, Meisen und Spechte ein paar Vorräte angelegt.

Die Robinie stammt aus Nordamerika und wurde schon vor ca. 400 Jahren nach Europa eingeführt. Sie wurde in Parks, Gärten und als robuster Straßenbaum angepflanzt. Von dort aus hat sie sich stark ausgebreitet, sodass du sie jetzt leicht an Waldrändern, Schuttplätzen und trockenen Hangwäldern findest.

**Die Robinie wird bis zu 25 m groß.**

**Die Robinie blüht von Mai bis Juni.**

n | Feb | Mär | Apr | Mai | Jun | Jul | Aug | Sep | Okt | Nov | Dez

# Die Vogelbeere

## wird auch Eberesche genannt

Der kleine bis mittelgroße Baum hat ca. 15 bis 20 cm lange Blätter. Die 9 bis 17 Fiederblättchen sind länglich und haben einen scharf gesägten Rand. Im Frühjahr riechen die zerriebenen frischen Blätter nach Marzipan.

weiße Blütendolde

Die Vogelbeere ist ein robuster, schnell wachsender Baum. In lichten Wäldern, auf Kahlschlägen, in Gebüschen und an Wald- und Wegrändern kommt sie häufig vor. Wegen ihrer schönen Blüten und Früchte wird sie auch oft in Parks, Gärten und als Straßenbaum gepflanzt.

### Wichtig zu wissen!

Die roten Vogelbeeren sind roh etwas bitter undwerden in größeren Mengen nicht gut vertragen (leicht giftig). Nach dem ersten Frost oder nach dem Kochen schmecken sie aber leicht süßlich und es lässt sich sogar Marmelade daraus machen. Vor allem Drosseln lieben im Winter die vitaminreichen Beeren.

Die Vogelbeere wird bis zu 20 m groß.

Die Vogelbeere blüht von Juni bis Juli.

Jan | Feb | Mär | Apr | Mai | **Jun** | **Jul** | Aug | Sep | Okt | Nov | D

# Die Rosskastanie

Die Blätter der Rosskastanie sind unverkennbar. Ihre fünf bis sieben Fiederblätter sehen aus wie eine Hand. Auch die schönen Blütenstände sind sehr auffällig. Wie Kerzen stehen die weißen, pyramidenförmigen Blütenrispen am Baum. Ab September findest du die runden, stacheligen Früchte unter dem Baum, die ein bis drei braune Kastanien enthalten.

## Mach mit!

Essen kann man die nahrhaften Kastanien nicht, da sie ein leichtes Gift enthalten. Wildschweine oder Rehe vertragen sie viel besser. Aber zum Basteln sind sie ideal. Mit noch ein paar anderen Früchten oder Blättern, einem kleinen Bohrer, einer Packung Zahnstocher und etwas Kleber lassen sich viele lustige Kastanienmännchen basteln.

Die Rosskastanie stammt aus den Wäldern auf dem Balkan. Seit dem 16. Jahrhundert wird sie auch in Mitteleuropa angepflanzt. Du findest sie vor allem in Parks und als Straßenbaum. Von dort hat sie sich aber auch schon in angrenzende Wälder ausgebreitet.

**Die Rosskastanie wird bis zu 25 m groß.**

**Die Rosskastanie blüht von April bis Mai.**

Feb | Mär | **Apr** | **Mai** | Jun | Jul | Aug | Sep | Okt | Nov | Dez

# Die Europäische Lärche

Als einziger europäischer Nadelbaum wirft die Lärche ihre Nadeln im Herbst ab. Die hellgrünen, weichen Nadeln wachsen in kleinen Büscheln am Zweig. Die rötlichen weiblichen Blütenstände stehen nach oben, ebenso die kleinen Zapfen. Die Zapfen fallen erst nach mehreren Jahren mit den Zweigen vom Baum ab.

Eigentlich ist die Lärche eine Hochgebirgsart, die dort prima mit den eisigen Temperaturen und der Hitze klarkommt. Wegen ihrer schönen Herbstfärbung und des widerstandsfähigen Holzes Holz ist sie aber in vielen Wäldern, Parks und Gärten angepflanzt worden.

## Wichtig zu wissen!

Das Holz der Lärche ist sehr wertvoll. Da es gegen Nässe, Pilz- und Schimmelbefall recht unempfindlich ist, wird es gern für Erd- und Wasserarbeiten genutzt. Die meisten unbehandelten Holzverkleidungen, Dachschindeln oder Holzterrassen an Häusern sind aus Lärchenholz gemacht. Mit der Zeit bekommt es einen leicht grauen Überzug.

**Die Europäische Lärche wird bis zu 40 m groß.**

**Die Europäische Lärche blüht von März bis April.**

Jan | Feb | **Mär** | **Apr** | Mai | Jun | Jul | Aug | Sep | Okt | Nov

# Die Nordmann-Tanne

Die Nadeln der Nordmann-Tanne sind den Nadeln der Weiß-Tanne sehr ähnlich, stehen aber viel dichter und rings um den Zweig herum. Außerdem riechen sie beim Zerreiben leicht fruchtig. Die Blüten und aufrecht stehenden Zapfen befinden sich im Kronenbereich.

**Der Weihnachtsbaum wird zum Transport eingenetzt.**

Die Nordmann-Tanne wurde erst 1836 im Kaukasus entdeckt. Dort kann sie bis zu 60 m hoch werden. In Deutschland wird die Nordmann-Tanne meist als Parkbaum oder Weihnachtsbaum angepflanzt.

### Wichtig zu wissen!

Heutzutage sind die beliebtesten Weihnachtsbäume Nordmann-Tannen. Die Bäume haben den Vorteil, dass die Nadeln an den vertrocknenden Zweigen nicht gleich braun werden und abfallen, sondern noch eine Weile hübsch grün haften bleiben. Außerdem sind sie schön weich und piksen nicht.

**Die Nordmann-Tanne wird bis zu 30 m groß.**

**Die Nordmann-Tanne blüht von April bis Mai.**

Feb | Mär | **Apr** | **Mai** | Jun | Jul | Aug | Sep | Okt | Nov | Dez

# Die Eibe

Die Nadeln der Eibe sind ledrig weich und stechen nicht. Die Oberseite ist dunkelgrün, die Unterseite hat zwei breite helle Streifen. Es gibt männliche und weibliche Bäume, die weiblichen Bäume erkennst du im Herbst leicht an den leuchtend roten Früchten. Deren Kern ist von einem roten Samenmantel umgeben. Vorsicht: Alle Teile der Eibe sind sehr giftig! Lediglich der rote Samenmantel ist ungiftig und wird von Vögeln gern gefressen.

## Wichtig zu wissen!

Früher gab es viele Eibenwälder, aber das harte und elastische Holz war im Mittelalter sehr begehrt. Aus dem Holz wurden vor allem Waffen gemacht wie Speere, Bögen und Armbrüste. So wurden die Eibenbestände sehr stark reduziert.

Die Eibe ist zwar in Europa weitverbreitet, aber in den Wäldern nur selten zu finden. Häufiger findest du sie in Gärten und Parks, wo sie auch häufig als Hecke gepflanzt wird. Eiben können sehr alt werden. Die älteste deutsche Eibe wird auf ca. 2 000 Jahre geschätzt.

**Die Eibe wird bis zu 20 m groß.**

**Die Eibe blüht von Februar bis April.**

Jan | Feb | Mär | Apr | Mai | Jun | Jul | Aug | Sep | Okt | Nov

# Der Abendländische Lebensbaum

**wird auch Thuja genannt**

Die stumpfen Blätter sind flach und schuppenförmig. Im Gegensatz zur mattgrünen Blattoberseite ist die Unterseite deutlich heller. Zerreibst du die Schuppenblätter zwischen deinen Fingern, riechen sie leicht nach Apfel und Nelke. Die männlichen und weiblichen Blüten sind sehr unauffällig. Im Herbst reifen die vielen kleinen schuppenförmigen Zapfen.

Der Abendländische Lebensbaum stammt aus Nordamerika und wurde schon im 16. Jahrhundert nach Europa gebracht. Hier wird er oft in Parks, Gärten und auf Friedhöfen angepflanzt.

## Schau genau!

Die Thuja ist zu einer beliebten Heckenpflanze geworden, da sie sich gut beschneiden lässt. Leider ist die Thuja für die heimische Tierwelt sehr unattraktiv. Alle Pflanzenteile sind giftig! So findest du nur sehr wenige Tiere, die in der Nähe einer Thuja leben. Für einen naturnahen Garten sind heimische Sträucher und Bäume viel besser, zum Beispiel Eibe, Schlehe, Kornel-Kirsche oder Hainbuche. Hier finden viele Tiere etwas zu fressen und lassen sich gut beobachten.

**Der Abendländische Lebensbaum wird bis zu 20 m groß.**

**Der Abendländische Lebensbaum blüht von April bis Mai.**

Feb | Mär | Apr | Mai | Jun | Jul | Aug | Sep | Okt | Nov | Dez

# Lebensraum Wiese und Feld

Gemeiner Grashüpfer
Seite 90

Grünes Heupferd
Seite 91

Großer Kohlweißling
Seite 92

Hauhechel-Bläuling
Seite 93

Admiral
Seite 94

Ackerhummel
Seite 95

Maulwurf
Seite 96

Feldmaus
Seite 97

Feldhase
Seite 98

Wildkaninchen
Seite 99

Feldlerche
Seite 100

Goldammer
Seite 101

# Lebensraum Wiese und Feld

Raps
Seite 117

Klatschmohn
Seite 118

Kuckucks-Lichtnelke
Seite 119

Wiesen-Glockenblume
Seite 120

Herbstzeitlose
Seite 121

Kornblume
Seite 122

Wegwarte
Seite 123

Wiesen-Salbei
Seite 124

Gamander-Ehrenpreis
Seite 125

Frauenmantel
Seite 126

Vogelwicke
Seite 127

Gräser
Seite 128

# Der Grashüpfer

026

Die Grashüpfer mit ihren kurzen Fühlern sind sehr verschieden gemustert. Obwohl die Männchen längere und die Weibchen kürzere Flügel besitzen, können die Grashüpfer nicht fliegen. Die Weibchen sind größer als die Männchen.

## Wichtig zu wissen!

Grashüpfer fallen durch ihren „Gesang" auf, den du bis zu 10 m weit hören kannst. Die Männchen erzeugen die Töne mit dem Sägekamm auf der Innenseite ihrer Hinterbeine. Reiben sie diese aneinander, erzeugen sie ein zirpendes Geräusch. Weibchen legen mit ihrem langen Legebohrer oder dem Hinterleibsende ihre Eier in den Boden.

Der Grashüpfer ist bei uns die häufigste Heuschrecke. Er kommt auf allen Wiesen vor, selbst auf den stark gedüngten Grünlandwiesen. Dort ist er oft die einzige Heuschreckenart.

**Der Grashüpfer ist 1,3 bis 2,2 cm lang.**

**Der Grashüpfer ist von Juni bis November unterwegs.**

| Jan | Feb | Mär | Apr | Mai | Jun | Jul | Aug | Sep | Okt | Nov |
|---|---|---|---|---|---|---|---|---|---|---|

# Das Grüne Heupferd 027

Sehr lange Fühler, lange Flügel und eine grasgrüne Farbe – das sind die Merkmale, an denen du das Grüne Heupferd erkennst. Es gehört zu den größten heimischen Heuschrecken.
Die Weibchen tragen am Körperende einen langen Legebohrer, mit dem sie aber nicht stechen, sondern die Eier in den Boden legen.

## Erstaunlich!

Bis zu 100 m weit ist der mechanisch klingende Gesang der Heupferd-Männchen zu hören. Er ertönt von mittags bis weit in die Nacht hinein – meist aus den Baumkronen, weil es dort wärmer ist als am Erdboden. Das Männchen ist kleiner als das Weibchen.

**Durch seine grüne Farbe ist das Heupferd gut getarnt. Hier siehst du ein Männchen.**

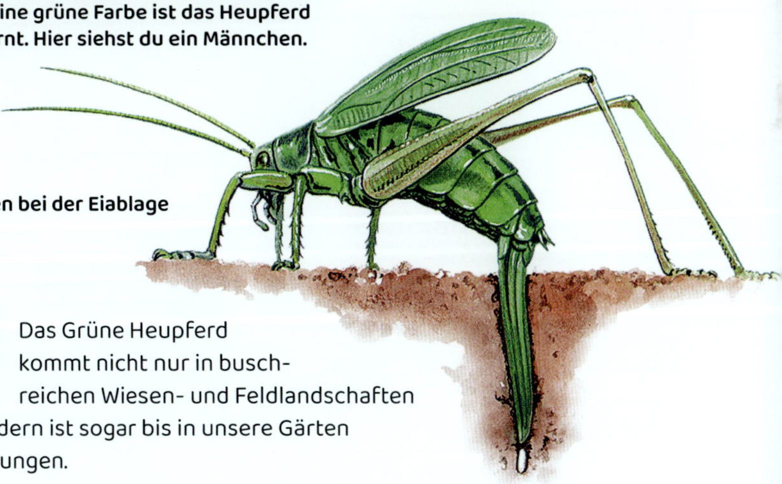

**Weibchen bei der Eiablage**

Das Grüne Heupferd kommt nicht nur in buschreichen Wiesen- und Feldlandschaften vor, sondern ist sogar bis in unsere Gärten vorgedrungen.

**Das Grüne Heupferd ist bis zu 4 cm lang.**

**Das Grüne Heupferd ist von Juli bis Oktober unterwegs.**

Feb | Mär | Apr | Mai | Jun | Jul | Aug | Sep | Okt | Nov | Dez

# Der Große Kohlweißling

Weibchen

Die Raupen des Großen Kohlweißlings kannst du vor allem auf den Blättern verschiedener Kohlsorten entdecken, die auf Feldern und in Gärten angebaut werden. Der fertige Schmetterling saugt am liebsten an roten und violetten Blüten, etwa von Klee, Luzerne oder Sommerflieder. Das Weibchen erkennst du an den zwei schwarzen Punkten auf jedem Vorderflügel.

**Hier saugt ein Kohlweißling-Weibchen.**

## Mach mit!

Wenn du in deinem Gemüsebeet kleine schwarz-grünlich gemusterte Raupen entdeckst, dann setze sie mit einem frischen Kohlblatt in ein leeres Gurkenglas und decke es mit einem luftdurchlässigen Stoff zu. Bald hast du deine eigene Schmetterlingszucht. Füttern nicht vergessen!

Der Große Kohlweißling lebt wie sein etwas kleinerer Bruder, der Kleine Kohlweißling, auf Gemüsefeldern und in Gärten. Er war früher häufig, wird heute aber zunehmend seltener.

**Die Spannweite der ausgebreiteten Flügel beträgt 5 bis 6,5 cm.**

**Der Kohlweißling fliegt von April bis Oktober.**

Jan | Feb | Mär | Apr | Mai | Jun | Jul | Aug | Sep | Okt | Nov

# Der Hauhechel-Bläuling

Beim Hauhechel-Bläuling kannst du Männchen und Weibchen gut unterscheiden. Das Männchen besitzt leuchtend blaue Flügel, die schwarz-weiß gesäumt sind.
Die Flügel der Weibchen sind bläulich-braun, am Rand orangefarben gefleckt. Seinen Namen verdankt der Falter dem Hauhechel, einer Futterpflanze seiner hellgrünen Raupen.

**Weibchen**

**Männchen**

## Erstaunlich!

Das Blau in den Flügeln sind keine Pigmente, sondern entsteht, wenn das Sonnenlicht auf diesen Flügelflächen reflektiert wird. Darum leuchten Bläulinge im Sonnenlicht ganz besonders intensiv.

Der Bläuling ist weitverbreitet. Das liegt daran, dass seine Raupen die Blüten und Blätter von häufig vorkommenden Pflanzen wie Hornklee, Hauhechel, Luzerne und Weiß-Klee fressen. Diese wachsen an Weg- und Waldrändern, in Kiesgruben und auf blütenreichen Wiesen.

**Die Spannweite der ausgebreiteten Flügel beträgt 2,5 bis 3 cm.**

**Der Hauhechel-Bläuling fliegt von Mai bis Oktober.**

Feb | Mär | Apr | Mai | Jun | Jul | Aug | Sep | Okt | Nov | Dez

# Der Admiral

Dieser hübsche Schmetterling verdankt seinen Namen der Flügelfärbung, die an die Uniform eines Admirals erinnert. Der Admiral saugt gern den süßen Nektar von Sommerblumen und im Herbst den klebrigen Saft von herabgefallenen Zwetschgen und anderem Fallobst.

## Wichtig zu wissen!

Wenn du einen Admiral schon im März oder April siehst, dann hat dieser bei uns den Winter verbracht. Die meisten Admirale sterben aber beim ersten Frost. In milderen Wintern überleben immer öfter einzelne Tiere die kalte Jahreszeit an frostfreien Plätzen.

Der Admiral lebt eigentlich in Südeuropa. Im Spätfrühling und Sommer kommt er oft in großen Massen über die Alpen zu uns. Häufig kannst du ihn dann in Gärten, auf Blumen- und Obstwiesen sowie am Waldrand entdecken.

**Die Spannweite der ausgebreiteten Flügel beträgt 5 bis 6 cm.**

**Der Admiral fliegt von Mai bis November.**

| Jan | Feb | Mär | Apr | Mai | Jun | Jul | Aug | Sep | Okt | Nov |
|---|---|---|---|---|---|---|---|---|---|---|

# Die Ackerhummel

Die stark behaarte, grauschwarze Ackerhummel erkennst du an dem gelbroten Hinterleibsende. Die Haare auf dem Brustteil sind ebenfalls gelbrot.

Ackerhummeln kommen in blumenreichen Gärten, Parks, Wiesen, Brachflächen und am Waldrand vor. Im Frühjahr formt die Königin in einem verlassenen Mäusenest eine Mooskugel. Darin baut sie das Nest, in dem ihr Hummelstaat leben wird. Bis zum Herbst besteht dieser aus 60 bis 150 Tieren. Im Winter geht der Staat zugrunde und nur die Jungköniginnen überwintern.

## Finger weg!

Hummelarbeiterinnen können stechen. Es gilt auch hier: Vorsicht bei Allergien!

**Ackerhummelnest**

## Mach mit!

Hummeln gehören zu den ersten Insekten, die im Frühling unterwegs sind. Pflanze im Garten eine Weide, dann finden die Hummeln in den früh blühenden Weidenkätzchen reichlich Pollennahrung. Diese großen Hummeln sind Königinnen.

**Die Ackerhummel wird 1 bis 2 cm lang.**

**Die Ackerhummel fliegt von März bis November.**

Feb | Mär | Apr | Mai | Jun | Jul | Aug | Sep | Okt | Nov | Dez

# Der Maulwurf

Der Maulwurf ist ein Insektenfresser, der an das unterirdische Leben angepasst ist. Sein Körper ist von einem grauschwarzen, samtigen Fell bedeckt. Der Schwanz wird 2 bis 4,5 cm lang und ist nur wenig behaart. Seine Vorderfüße sind zu schaufelförmigen Grabwerkzeugen umgebildet, wobei die „Handinnenflächen" nach außen gedreht sind. Mit den winzigen Augen kann der Maulwurf hell und dunkel unterscheiden, aber nicht richtig sehen.

## Schau genau!

Beim Graben schiebt der Maulwurf die Erde hinter sich an die Oberfläche. So entstehen die charakteristischen Maulwurfshügel, die rundlicher und größer sind als die Erdhaufen der Wühlmäuse.

**Schau genau hin! Solche Spuren hinterlässt ein Maulwurf.**

Der Maulwurf lebt als Einzelgänger auf Äckern, Wiesen und in Wäldern in seinem selbst gegrabenen, unterirdischen Gangsystem. Dieses wird bis zu 200 m lang und vor allem zur Jagd von Kleintieren genutzt. Die Nestkammer, in der auch die Jungen zur Welt kommen, ist mit Gras, Blättern und feinen Wurzeln weich ausgepolstert.

**Der Maulwurf wird (ohne Schwanz) 10 bis 17 cm lang.**

**Der Maulwurf ist ganzjährig tag- und nachtaktiv.**

Jan | Feb | Mär | Apr | Mai | Jun | Jul | Aug | Sep | Okt | Nov

# Die Feldmaus

028

Wie alle Nagetiere hat die Feldmaus kurze Beine und im Ober- und Unterkiefer jeweils zwei vergrößerte Nagezähne, die ständig nachwachsen. Der Schwanz ist mit 4 cm Länge relativ kurz. Das Fell ist auf der Oberseite dunkel-, rot-, hell- oder graubraun. Seitlich ist es heller und am Bauch meist hellbraun. Die Ohren sind klein.

## Wichtig zu wissen!

Die Feldmaus ist ein Pflanzenfresser und ernährt sich von Gras, Kräutern, Samen, Wurzeln und Rinde. Junge werden von Februar bis Oktober geboren. Bereits nach 11 bis 13 Tagen sind die Kleinen geschlechtsreif und können selbst wieder Junge bekommen.

Feld- und Hausmaus sind gut am Fell und an den Ohren zu unterscheiden.

Feldmäuse leben in Kolonien auf Äckern und Wiesen. Entlang von Gräben, Böschungen und Waldrändern graben die Tiere Löcher in die Erde und legen weitverzweigte Gänge dicht unter der Erdoberfläche an. Die Ausgänge sind oberirdisch durch feste Wege miteinander verbunden, auf denen die Tiere schnell entlangflitzen können.

Die Feldmaus wird (ohne Schwanz) 9 bis 12 cm lang.

Die Feldmaus ist ganzjährig aktiv.

Feb | Mär | Apr | Mai | Jun | Jul | Aug | Sep | Okt | Nov | Dez

# Der Feldhase

Mit den langen Hinterbeinen und den etwas kürzeren Vorderbeinen kann der Feldhase weite Sprünge machen. Auffallendstes Merkmal sind die langen Ohren (Löffel), die an der Spitze schwarz-weiß gefärbt sind. Sie sind sehr beweglich und mit ihnen kann der Feldhase Geräusche gut orten. Das Fell ist braun bis rotbraun, der kurze Schwanz auf der Oberseite schwarz und unten weiß.

## Wichtig zu wissen!

Die Häsin kann mehrmals im Jahr Junge bekommen. Paarungszeit ist von Januar bis September. Die ersten Jungen werden Ende Februar/Anfang März in einer windgeschützten Erdmulde geboren. Ein Wurf besteht aus zwei bis fünf Jungen, die von Geburt an ein Fell haben und sofort laufen und sehen können. Drei bis fünf Wochen lang werden sie gesäugt und haben schon nach einem halben Jahr die Größe ihrer Eltern erreicht.

Der Feldhase lebt auf Äckern und Wiesen, die ihm Möglichkeiten zum Verstecken bieten. Seine Nahrung besteht aus Pflanzen wie Gräsern, Kräutern, Getreide oder Kohl. Tagsüber hält sich der Einzelgänger in einem windgeschützten Versteck auf. Meist liegt er in einer Mulde (Sasse) mit dem Kopf gegen den Wind. In der Dämmerung wagt er sich zur Nahrungssuche aus der Deckung.

**Der Feldhase wird 60 bis 70 cm lang.**

**Der Feldhase ist ganzjährig aktiv.**

Jan | Feb | Mär | Apr | Mai | Jun | Jul | Aug | Sep | Okt | Nov

# Das Wildkaninchen

Das Wildkaninchen hat kürzere Ohren und Beine als der Feldhase. Sein Fell ist graubraun. Alle Formen des Hauskaninchens stammen vom Wildkaninchen ab.

## Wichtig zu wissen!

Anders als beim Feldhasen werden die Jungen des Wildkaninchens nackt und blind geboren. Im unterirdischen Bau werden sie von der Mutter gesäugt. Bei Gefahr pfeifen Kaninchen laut und klopfen mit den Hinterbeinen auf den Boden. Mit diesem Trommeln teilen sie ihren Jungen mit, dass sie im Bau bleiben sollen.

Felder und Äcker sind der Lebensraum des Wildkaninchens. In lockerem Boden wird ein unterirdischer Bau angelegt, der bis zu 3 m tief und 45 m lang sein kann und in den sich die Tiere tagsüber und bei Kälte verkriechen. In der Dämmerung kommen die Kaninchen aus dem Bau und suchen nach Nahrung, die aus Gräsern und Kräutern, im Winter auch aus Rinde und Zweigen besteht.

**Eine Kaninchenkolonie kann aus bis zu 100 Tieren bestehen.**

**Das Wildkaninchen wird 35 bis 45 cm lang.**

**Das Wildkaninchen kannst du ganzjährig beobachten.**

Feb | Mär | Apr | Mai | Jun | Jul | Aug | Sep | Okt | Nov | Dez

# Die Feldlerche

029

Das Gefieder der Feldlerche ist auf der Oberseite erdfarben bis graubraun mit dunkler Zeichnung, die Brust ist gelblich weiß mit schwarzbraunen Streifen. Auffällig sind der lange Schwanz mit weißen Außenkanten und die kurze, struppige Haube am Kopf, die sich bei Erregung aufrichtet.

## Mach mit!

Ab April kannst du auf Feldern und Äckern den wunderschönen Ruf der Feldlerche („**trieh**“ oder „**trilie**“) hören. Versuch doch mal, ihren Gesang aufzunehmen, dann kannst du ihn dir immer wieder anhören. Was kannst du noch für Rufe hören und erkennen?

Als Brutgebiet nutzt die Feldlerche offene Landschaften mit Feldern, Wiesen, Brachen und einzelnen Bäumen oder Büschen, in denen es ausreichend Nahrung (Insekten, Würmer, Schnecken, Samen, Pflanzenteile) gibt. Das Nest aus Grashalmen und Wurzeln wird am Boden in einer Mulde zwischen Pflanzen angelegt. Leider gibt es nicht mehr so viele Feldlerchen wie früher, da Felder und Äcker stark bewirtschaftet und mit giftigen Unkraut- und Schädlingsbekämpfungsmitteln behandelt werden.

**Nest am Boden**

**Die Feldlerche wird 16 bis 18 cm groß.**

**Die Feldlerche kommt von März bis September vor.**

Jan | Feb | Mär | Apr | Mai | Jun | Jul | Aug | Sep | Okt | Nov

# Die Goldammer 030

Der intensiv gelbe Kopf und die gelbe Unterseite geben der Goldammer ihren Namen. Der Bürzel ist rostrot, der Rücken braun gestreift. Über die Brust zieht sich ein braunes Band. Das Weibchen ist blasser und weniger stark gelb gefärbt. Auffällig ist der klirrende Gesang, der gut mit den Worten „**Ich, ich, ich hab dich so lieeeeb**" umschrieben wird.

**Goldammer im Schnee**

Unsere häufigste Ammer findest du auf offenen Heiden sowie Wiesen- und Ackerflächen mit Büschen und Hecken. Aber auch auf großen Waldlichtungen fühlt sie sich zu Hause. Ihr Nest liegt versteckt am Boden. Im Winter bilden sich kleine Schwärme, die meist in der Nähe von Scheunen und Bauernhöfen bleiben. Dort finden sie noch genügend Körner von der Getreideernte.

## Mach mit!

Ist dir schon einmal aufgefallen, dass viele Vögel um die Mittagszeit nicht mehr singen? Versuch mittags einmal, nach Vogelstimmen zu lauschen. Du wirst feststellen, dass sich viele Vögel ein schattiges Plätzchen suchen und eine Pause vom Singen machen. Bis auf die Goldammer: Sie singt auch während der größten Hitze.

**Die Goldammer wird 16 bis 17 cm groß.**

**Die Goldammer kommt ganzjährig vor.**

Feb | Mär | Apr | Mai | Jun | Jul | Aug | Sep | Okt | Nov | Dez

# Der Turmfalke 031

Wie ein Hubschrauber kann der Turmfalke in der Luft stehen, indem er kräftig mit den Flügeln rüttelt. Der lange Schwanz dient dabei als Steuerruder. Daran kannst du ihn gut im Flug erkennen. Das Männchen hat einen grauen Kopf und einen rotbraunen Rücken mit schwarzen Tupfen. Das Weibchen ist braun mit schwarzer Bänderung.

**Rüttelflug**

## Wichtig zu wissen!

Der Bruterfolg von Greifvögeln wie dem Turmfalken ist stark von seiner Beute abhängig. Ein Turmfalke braucht pro Tag ungefähr zwei Mäuse. Wenn er viele Mäuse fängt, legt der Turmfalke auch mehr Eier, denn er kann seine Jungen ausreichend füttern. In einem schlechten Mäusejahr legt er weniger Eier.

Früher nistete der Turmfalke an Felsabbrüchen. Aber wie der Name schon sagt, nutzt er auch Türme, Häuser, Scheunen oder verlassene Krähennester als Nistplatz. Für die Jagd nach Mäusen und großen Insekten bevorzugt er Wiesen und Ackerflächen. In der Stadt machen Turmfalken eher Jagd auf Kleinvögel.

**Männchen mit Maus**

**Der Turmfalke wird 31 bis 37 cm groß.**

**Der Turmfalke kommt ganzjährig vor.**

Jan | Feb | Mär | Apr | Mai | Jun | Jul | Aug | Sep | Okt | Nov

# Der Weißstorch

032

Sein schwarz-weißes Gefieder, den roten Schnabel und die langen roten Beine kennst du bestimmt. Im Gegensatz zum Graureiher fliegt der Weißstorch mit lang ausgestrecktem Hals. Auf dem Horst, seinem Nest, das er gern auf Dächern baut, hörst du ihn mit dem Schnabel klappern.

Der Weißstorch braucht Gewässer, Feuchtwiesen oder andere ungenutzte Wiesen in Nistnähe, auf denen er seine Nahrung findet. Vor allem Frösche, Insekten, Regenwürmer und Mäuse stehen auf seinem Speiseplan. Leider gibt es solche Wiesen immer weniger, und so ist auch der Storch immer seltener bei uns geworden.

## Wichtig zu wissen!

Im September macht sich der Weißstorch auf den langen Weg bis ins südliche Afrika. Da er ein reiner Segelflieger ist, braucht er unbedingt warme Luft unter den Flügeln, also eine gute Thermik. Deshalb vermeidet er es, quer über das Mittelmeer zu fliegen, und nimmt lieber den Umweg über Spanien oder die Türkei nach Afrika. So muss er nur kurze Strecken über das offene Meer fliegen.

**Flugrouten des Weißstorchs**

**Der Weißstorch wird 95 bis 110 cm groß.**

**Der Weißstorch kommt von März bis September vor.**

Feb | Mär | Apr | Mai | Jun | Jul | Aug | Sep | Okt | Nov | Dez

# Der Mäusebussard

033

Der Mäusebussard ist unser häufigster Greifvogel. Seine Oberseite ist meist einfarbig dunkelbraun, während die Unterseite sehr variabel sein kann. Es gibt Vögel mit sehr heller, aber auch welche mit sehr dunkler Unterseite. Im Flug fällt am Schwanz die schwarze Endbinde auf und am Flügel der dunkle Flügelhinterrand sowie die dunklen Flecken am Flügelbug. Wie eine Katze ruft er miauend „**hi-äe**".

## Erstaunlich!

Alle Greifvögel können extrem gut sehen. So auch der Bussard. Dank seiner guten Augen kann er eine kleine Maus aus 350 m Höhe auf der Wiese entdecken. Wir würden sie erst ab 50 m Entfernung erkennen. Damit sind seine Augen etwa sechsmal so gut wie die eines Menschen, denn seine Netzhaut hat mehr Sinneszellen als die des Menschen. Das ist wie bei einer Digitalkamera, die mehr Pixel aufzeichnet.

Sein Nest baut dieser Greifvogel in Wäldern und an Waldrändern auf hohen Bäumen. Zur Mäusejagd kommt er aber auf die offenen Wiesen, Weiden und Äcker. Häufig siehst du den Bussard, wie er sich segelnd in kreisenden Flügen immer höher in den Himmel schraubt.

Mäusebussard im Segelflug

Der Mäusebussard wird 46 bis 58 cm groß.

Der Mäusebussard kommt ganzjährig vor.

Jan | Feb | Mär | Apr | Mai | Jun | Jul | Aug | Sep | Okt | Nov

# Der Neuntöter 034

## wird auch Rotrückenwürger genannt

Das Männchen hat einen grau-weißen Kopf mit einer schwarzen Gesichtsmaske. Am schwarzen, hakenförmigen Schnabel erkennst du, dass er ein Fleischfresser ist. Neben der rotbraunen Oberseite und der leicht rosafarbenen Brust fällt im Flug das schwarz-weiße Schwanzmuster auf. Das Weibchen ist blasser gefärbt, hat keine schwarze Maske und eine gebänderte Unterseite. Am häufigsten hörst du ein heiseres „**Dschääh**" oder ein scharfes „**Teck-teck**".

### Erstaunlich!

Hat der Neuntöter mehr gefangen, als er fressen oder an seine Jungen verfüttern kann, spießt er die überschüssige Beute auf Dornen auf. So hat er auch bei schlechtem Wetter genug zu fressen. Früher glaubte man, er würde erst neun Beutetiere aufspießen, bevor er anfängt zu fressen. So hat er seinen Namen bekommen.

Erst im Mai kommen die Neuntöter aus ihrem weit entfernten Winterquartier im südlichen Afrika zurück. Sie brüten in offenen Landschaften mit Hecken und Gebüschen. Auf erhöhten Plätzen wie Buschspitzen oder Pfosten halten sie nach Insekten Ausschau, aber auch Mäuse, Jungvögel oder Eidechsen stehen auf ihrem Speiseplan.

**Der Neuntöter wird 17 cm groß.**

**Der Neuntöter kommt von Mai bis September vor.**

Feb | Mär | Apr | **Mai** | **Jun** | **Jul** | **Aug** | **Sep** | Okt | Nov | Dez

# Die Rabenkrähe 035

Ein komplett schwarzes Gefieder hat die Rabenkrähe. Selbst die Beine, die Augen und der große, kräftige Schnabel sind schwarz. Ihre krächzenden „**Krah-krah**"-Rufe werden meist drei- bis viermal wiederholt. Im Winter bilden Rabenkrähen oft große Schwärme.

## Schau genau!

Schau dir im Winter die Krähenschwärme einmal genau an und achte besonders auf die Schnäbel. Sicher wirst du darunter bald die **Saatkrähen** mit ihren grauen Schnäbeln entdecken. Sie kommen im Winter in großer Zahl aus Osteuropa. Die großen, lautstarken Saatkrähenkolonien machen so viel Lärm, dass die Vögel früher vertrieben und gejagt wurden.

**Saatkrähe**

Die Rabenkrähe kommt vor allem in einer abwechslungsreichen Feld-, Wiesen- und Heckenlandschaft vor, hat aber auch die Städte und Dörfer erobert. Sie brütet auf einzeln stehenden Bäumen, am Waldrand und selbst auf Strommasten. Als Allesfresser findet sie besonders in den Städten Nahrung.

**Die Rabenkrähe wird 44 bis 51 cm groß.**

**Die Rabenkrähe kommt ganzjährig vor.**

Jan | Feb | Mär | Apr | Mai | Jun | Jul | Aug | Sep | Okt | Nov

# Der Kiebitz

036

## Schau genau!

Bei Kiebitzen kannst du manchmal das sogenannte „Fußtrillern“ beobachten: Dabei trommelt der Kiebitz mit dem Fuß auf den Boden und versucht so, Würmer aus der Erde zu locken. Deshalb sieht man diese Vögel auch oft auf frisch gepflügten Äckern auf der Suche nach Leckerbissen.

Das auffälligste Merkmal des Kiebitzes ist seine lange, dünne Haube auf dem Kopf (auch „Federholle“ genannt). Gesicht, Kehle und Brust sind schwarz, die Kopfseiten weiß. Die Federn der Oberseite schillern grünlich oder violett, der Bauch ist weiß. Du erkennst ihn schon von Weitem an seinem langsamen Flug und an seinen breiten Flügeln. Zur Brutzeit vollführt er damit akrobatische Flugkunststücke oder vertreibt so energisch seine Feinde. Seinen Namen verdankt er seinem typischen Ruf „**Kie-witt**“.

Früher war der Kiebitz auf Grünflächen mit kurzem Gras wie Feuchtwiesen, Weiden und Mooren weit verbreitet. Da diese seltener geworden sind, brütet er auch oft auf Äckern. Leider wird das Nest dort oft durch frühe Ernten oder den starken Maschineneinsatz zerstört. Der Kiebitz bleibt nur kurze Zeit in seinem Winterquartier. In wärmeren Gebieten an der Küste bleibt er auch das ganze Jahr.

**Der Kiebitz wird 28 bis 31 cm groß.**

**Der Kiebitz kommt von März bis November vor.**

| Feb | Mär | Apr | Mai | Jun | Jul | Aug | Sep | Okt | Nov | Dez |
|---|---|---|---|---|---|---|---|---|---|---|

# Die Wilde Möhre

Schau dir den **Blütenstand** einmal ganz genau an: Er besteht aus vielen winzig kleinen Blüten. Da die Stiele dieser einzelnen Blüten alle an der gleichen Stelle zusammengewachsen sind, nennt man den Blütenstand auch **Dolde**. In der Mitte der Dolde befindet sich oft ein dunkelrotes Blütchen. Diese sogenannte Mohrenblüte lockt Insekten an.

## Schau genau!

Die Wilde Möhre gehört zu den Vorfahren unserer Möhre. Die Wurzel der Wilden Möhre hat zwar eine ähnliche Form wie die dicke Speise-Möhre, sie ist aber weiß und viel kleiner. Grabe einmal vorsichtig eine Wilde Möhre mit der Wurzel aus und rieche daran. Bestimmt kommt dir der Geruch ganz bekannt vor.

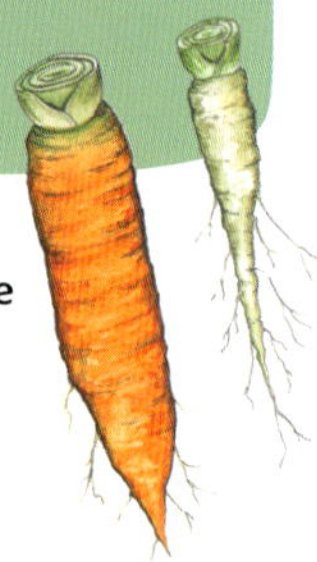

**Speise-Möhre (links) und Wilde Möhre (rechts) im Vergleich**

Die Wilde Möhre wächst fast überall auf Wiesen und an Straßenrändern. Auf einer ungemähten Wiese findest du sie bestimmt!

**Die Wilde Möhre wird 30 bis 90 cm hoch.**

**Die Wilde Möhre blüht von Mai bis September.**

Jan | Feb | Mär | Apr | Mai | Jun | Jul | Aug | Sep | Okt | Nov

# Der Wiesen-Kerbel

Kein anderes Doldengewächs überzieht die Feldränder in solcher Fülle wie der Wiesen-Kerbel. **Doldengewächse** haben viele winzig kleine Blüten, deren Stiele an der gleichen Stelle entspringen. Diese sogenannten Dolden gehen beim Wiesen-Kerbel ebenfalls von einem Punkt aus. In diesem Fall spricht man von **zusammengesetzten Dolden**.

**Giersch**

**Baldrian**

## Schau genau!

Im Juni blühen die meisten Doldengewächse. Suche **Giersch** und **Baldrian**. Vergleichst du deren Blütenstände und Blätter, siehst du, dass sie verschieden sind: Der Baldrian gehört nicht zu den Doldengewächsen.

Mit Wiesen-Kerbel überzogene Wegränder weisen auf intensive Landnutzung und auf Düngung mit Gülle oder Mineraldünger hin. Dadurch breitet sich der Wiesen-Kerbel massenhaft aus und verdrängt oft andere Pflanzen. Die Artenvielfalt nimmt ab.

**Der Wiesen-Kerbel wird 15 bis 60 cm hoch.**

**Der Wiesen-Kerbel blüht von April bis Juni.**

Feb | Mär | Apr | Mai | Jun | Jul | Aug | Sep | Okt | Nov | Dez

# Die Margerite

Da sie sich sehr schnell ausbreitet und dann eine ganze Wiese bevölkert, wird die Margerite auch **Wucherblume** genannt. Ähnlich wie beim Gänseblümchen sitzen die gelben Einzelblüten zusammen in einem Körbchen.

Auf Wiesen und an Straßenrändern kannst du die Margerite manchmal „wuchern" sehen. Sie wächst selten allein, sondern fast immer in größeren Gruppen. Dann kannst du dir einen schönen Blumenstrauß pflücken.

## Mach mit!

Kennst du das Blütenorakel? Dabei stellst du eine Frage und zupfst dann eine weiße Zungenblüte nach der anderen aus: Einmal heißt es „ja" und bei der nächsten Blüte heißt es „nein". Die endgültige Antwort gibt dir die letzte Zungenblüte. Doch ob sie stimmt …?

**Das Blütenorakel: Ja – nein – ja … Weiß die letzte Zungenblüte die Antwort?**

**Die Margerite wird 20 bis 90 cm hoch.**

**Die Margerite blüht von Mai bis Oktober.**

Jan | Feb | Mär | Apr | Mai | Jun | Jul | Aug | Sep | Okt | Nov

# Die Schaf-Garbe

Die großen Blütenstände bestehen aus vielen kleinen Blütenkörbchen. Jedes von ihnen enthält mehrere winzige Einzelblüten, die du nur mit einer Lupe richtig gut erkennen kannst. Die grünen Laubblätter sind stark zerschlitzt.

## Schau genau!

Wie kam die Schaf-Garbe zu ihrem Namen? Schafe fressen sie besonders gern, allerdings nur die Blätter. Schau dich auf einer Wiese einmal genauer um. Findest du die Blüten der Schaf-Garbe auf völlig blattlosen Stängeln? Das ist ein sicheres Zeichen dafür, dass hier eine Schafherde entlang gezogen ist.

**Schafe fressen nur die Blätter der Schaf-Garbe, nicht die Blütenstände.**

Du findest die Schaf-Garbe recht häufig auf trockenen Wiesen und Weiden, an Weg- und Straßenrändern und auf nur gelegentlich beweidetem Land.

**Die Schaf-Garbe wird 15 bis 60 cm hoch.**

**Die Schaf-Garbe blüht von Juni bis Oktober.**

Feb | Mär | Apr | Mai | Jun | Jul | Aug | Sep | Okt | Nov | Dez

# Der Hahnenfuß

Wegen seiner Blütenfarbe wird der Hahnenfuß auch „**Butterblume**" genannt. Seine grünen Blätter erinnern an Vogelfüße. Es gibt verschiedene Hahnenfuß-Arten und viele Mitglieder dieser Familie haben so eine Blattform.

Der Hahnenfuß wächst auf Wiesen und Weiden, an Straßen und Wegrändern oft in großen Mengen.

**Achte einmal auf die unterschiedlichen Blätter vom Kriechenden (links) und vom Scharfen Hahnenfuß (rechts).**

## Finger weg!

Fast alle Hahnenfuß-Arten sind giftig. So auch der größere **Scharfe Hahnenfuß** und der niedrigere **Kriechende Hahnenfuß**. Beide werden wegen ihres scharfen Geschmacks von Kühen nicht gefressen. Im trockenen Heu verlieren sie aber ihre Giftigkeit und stehen bei Kühen und anderen Weidetieren wieder auf dem Speisezettel.

**Der Hahnenfuß wird 30 bis 100 cm hoch.**

**Der Hahnenfuß blüht von Mai bis September.**

Jan | Feb | Mär | Apr | Mai | Jun | Jul | Aug | Sep | Okt | Nov

# Die Echte Kamille

Das **Blütenkörbchen** der Kamille erinnert an das des Gänseblümchens, aber die Pflanze ist viel größer und verzweigter. Bei der Echten Kamille sind die weißen Zungenblüten etwas nach unten gebogen. An ihrem intensiven Duft kannst du die Art erkennen.

Am Rand mancher Getreidefelder findest du sowohl die Echte Kamille als auch ihre geruchlose „Schwester", die Falsche Kamille.

## Schau genau!

Mit einem kleinen Experiment kannst du die Echte und die **Falsche Kamille** absolut sicher unterscheiden: Zerschneide die Blütenköpfe der Länge nach. Das Köpfchen der Echten Kamille ist hohl, das der Falschen Kamille ist gefüllt. Mache die Geruchsprobe: Zerreibe die Köpfchen zwischen zwei Fingern. Nur die Echte Kamille duftet aromatisch und „gesund" wie Kamillentee.

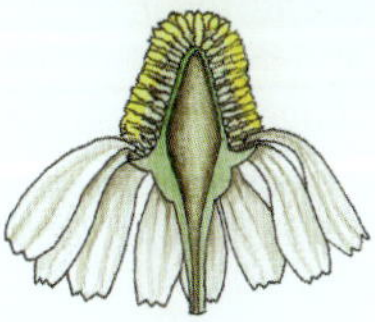

**Blüten im Querschnitt: Echte Kamille mit hohlem ...**

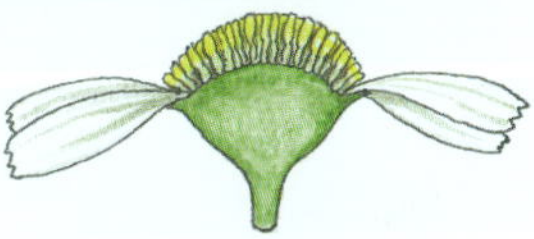

**... Falsche Kamille mit gefülltem Blütenkörbchen**

**Die Echte Kamille wird 15 bis 50 cm hoch.**

**Die Echte Kamille blüht von Mai bis September.**

Feb Mär Apr Mai Jun Jul Aug Sep Okt Nov Dez

# Das Echte Johanniskraut

Wenn du die kleinen, eiförmigen Laubblätter gegen das Licht hältst, erscheinen sie wie durchlöchert. In Wirklichkeit aber handelt es sich bei den „Löchern" um winzige Öldrüsen.

Hier sitzen die Öldrüsen.

## Erstaunlich!

Aus Gelb wird Rot: Mit einem kleinen Experiment kannst du anderen etwas „vorzaubern". Zupfe eine möglichst dicke Blütenknospe ab und zerreibe sie zwischen Daumen und Zeigefinger. Zurück bleibt ein roter Fleck. Er entsteht aus den Inhaltsstoffen der Pflanze. Diese dienen auch zur Herstellung von Ölen und Medikamenten.

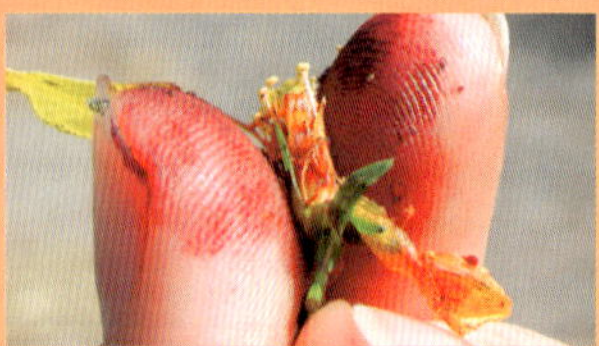

**Aus der gelben Knospe kommt ein Saft, der sich rot verfärbt.**

An Böschungen, Wegrändern und in Säumen von Hecken und Gebüschen ist das Echte Johanniskraut keine Seltenheit.

**Das Echte Johanniskraut wird 30 bis 80 cm hoch.**

**Das Echte Johanniskraut blüht von Juni bis September.**

Jan | Feb | Mär | Apr | Mai | Jun | Jul | Aug | Sep | Okt | Nov

# Der Löwenzahn

Diese Pflanze kennst du bestimmt. Die Ränder der grünen Blätter des Löwenzahns erinnern an die großen Zähne eines Löwen. Der Stängel enthält einen weißen Milchsaft und seine Wurzel wird sehr lang und dick. Es ist gar nicht so leicht, eine Löwenzahnpflanze mitsamt der Wurzel aus dem Boden zu ziehen.

## Schau genau!

Suche dir eine Löwenzahnpflanze mit geschlossenem Körbchen. Markiere den Stiel mit einem roten Wollfaden. Wenn du täglich „deinen" Löwenzahn besuchst, kannst du miterleben, wie schnell aus ihm eine Pusteblume wird. In dieser Zeit wachsen auch die Stiele noch. So kann der Wind die Samen mit den Schirmchen gut wegpusten.

Da der Löwenzahn häufig auf Kuhweiden wächst, nennt man ihn auch „Kuhblume". Du wirst ihn aber auch an Wegrändern und auf Wiesen finden.

**Der Löwenzahn wird 5 bis 50 cm hoch.**

**Der Löwenzahn blüht von April bis Oktober.**

Feb | Mär | Apr | Mai | Jun | Jul | Aug | Sep | Okt | Nov | Dez

# Die Sonnenblume

Diese große Pflanze wächst in einem einzigen Sommer vom kleinen Sonnenblumenkern zum stattlichen Riesen heran. Der Blütenkorb ist eine bis zu 40 cm große Scheibe. Sie dreht sich immer zur Sonne hin. So kam die Pflanze zu ihrem Namen.

Sonnenblumen wachsen in Gärten und auf Feldern. Sie sind zu echten Nutzpflanzen geworden, aus deren Samen Öl und Margarine hergestellt werden.

**Die reifen Samen sind ein Leckerbissen, auch für Vögel!**

## Mach mit!

Pflanze im Frühling einige Sonnenblumenkerne 2 cm tief in große Blumentöpfe und stelle sie an einen sonnigen Platz. Wenn du regelmäßig gießt und die Erde schön feucht hältst, wirst du schon bald einige Triebe aus der Erde wachsen sehen. Beobachte einmal, wie schnell deine Sonnenblumen groß werden. Übrigens schmeckt das Innere der Kerne sehr lecker. Du kannst im Winter die Vögel im Garten damit füttern.

**Die Sonnenblume wird 1 bis 3 m hoch.**

**Die Sonnenblume blüht von Juli bis November.**

Jan | Feb | Mär | Apr | Mai | Jun | Jul | Aug | Sep | Okt | Nov

# Der Raps

Wenn ein Rapsfeld blüht, kannst du es schon von Weitem leuchten sehen. Betrachte eine einzelne Rapsblüte einmal näher: Die vier Blütenblätter bilden ein gelbes Kreuz. Alle Blumen, bei denen du so ein Kreuz erkennen kannst, gehören zur Familie der **Kreuzblütler**.

## Erstaunlich!

Wenn der Raps im Sommer reif ist, sammle einige Schoten. Öffne sie und lege die Samen auf ein Blatt Papier. Wenn du sie zerdrückst, bleiben Fettflecken zurück. Das liegt daran, dass die Samen sehr viel Öl enthalten. Aus den Rapssamen wird Margarine, Speiseöl und auch Treibstoff für Autos hergestellt. Den Rapsblüten und den fleißigen Bienen verdanken wir den Rapshonig.

**Zerdrückte Samen hinterlassen Fettflecken.**

Der Raps ist eine typische Feldpflanze. Doch manchmal kannst du ihn auch an Straßenrändern oder auf nicht genutztem Land finden.

**Der Raps wird 60 bis 120 cm hoch.**

**Der Raps blüht im April und Mai.**

| Feb | Mär | Apr | Mai | Jun | Jul | Aug | Sep | Okt | Nov | Dez |
|---|---|---|---|---|---|---|---|---|---|---|

# Der Klatschmohn

Bestimmt hast du die leuchtend roten Mohnblüten schon einmal gesehen. Sie werden 6 bis 10 cm groß und haben in der Mitte einen schwarzen Fleck. Die geschlossenen Knospen hängen immer nach unten.

Früher, als Bauern noch keine Spritzmittel gegen sogenannte Ackerunkräuter hatten, wuchs der Klatschmohn überall zwischen dem Getreide. Heute siehst du ihn eher am Feldrand. Er wächst in großen Mengen auf frisch abgetragener oder aufgeschütteter Erde.

## Mach mit!

Bastle aus Naturmaterialien fantasievolle kleine Figuren! Die runden bis eiförmigen Kapseln des Klatschmohns eignen sich besonders gut für Köpfe. Stöcke könnten der Körper sein. Hast du bereits entdeckt, was in den reifen Kapseln raschelt? Es sind die Samen, die oben seitlich aus der Kapsel herausfallen.

Aus der reifen Samenkapsel fallen seitlich die Samen heraus.

Der Klatschmohn wird 20 bis 90 cm hoch.

Der Klatschmohn blüht von Mai bis Juli.

| Jan | Feb | Mär | Apr | Mai | Jun | Jul | Aug | Sep | Okt | Nov |
|---|---|---|---|---|---|---|---|---|---|---|

# Die Kuckucks-Lichtnelke

Die rosaroten Blütenblätter der Kuckucks-Lichtnelke sehen stark ausgefranst aus. Ihre grünen Laubblätter sind schmal und stehen sich immer gegenüber.

## Schau genau!

Häufig kannst du kleine Schaumtröpfchen an dieser Pflanze entdecken. Weißt du, von wem die Tröpfchen stammen? Sie sind das Nest eines kleinen Insekts, der Schaumzikade. In diesem Schaumnest, dem sogenannten Kuckucksspeichel, wachsen die Zikadenlarven gut geschützt heran.

**Im geöffneten Schaumtröpfchen erkennst du die Zikadenlarve.**

Du findest die Kuckucks-Lichtnelke vor allem auf nassen Wiesen. Sie wächst aber auch an Wegrändern, die besonders feucht sind.

**Die Kuckucks-Lichtnelke wird 30 bis 70 cm hoch.**

**Die Kuckucks-Lichtnelke blüht von April bis Juni.**

Feb | Mär | Apr | Mai | Jun | Jul | Aug | Sep | Okt | Nov | Dez

# Die Wiesen-Glockenblume

Die Wiesen-Glockenblume erkennst du an ihren blauvioletten Blüten, die sich an den Spitzen der Seitentriebe befinden. Die Blüten sind nur tagsüber bei schönem Wetter geöffnet. Sie locken Bienen und Hummeln an, die es auf den Nektar tief in der Blüte abgesehen haben.

**Die Blütenblätter sind miteinander verwachsen.**

## Schau genau!

Wildbienen und Hummeln besuchen die Glockenblumen aber nicht nur, um Nektar zu sammeln. Die bauchigen Blüten werden gerne als Schlafplatz für die Nacht genutzt. Gehe an einem lauen Sommerabend einmal hinaus auf eine Wiese, vielleicht kannst du ein verschlafenes Bienchen sehen?

**Diese Wildbiene hat sich zum Schlafen in der Blüte zusammengerollt.**

Vor allem auf Wiesen und an Wegrändern findest du die Wiesen-Glockenblume und ihre zahlreichen Verwandten. Du kannst die schönen Blumen aber auch manchmal in Gärten sehen.

**Die Wiesen-Glockenblume wird 20 bis 50 cm hoch.**

**Die Wiesen-Glockenblume blüht von Mai bis Juli.**

Jan | Feb | Mär | Apr | Mai | Jun | Jul | Aug | Sep | Okt | Nov

# Die Herbstzeitlose

Wenn im Herbst die meisten Blumen bereits verwelkt sind, öffnen sich die Blüten der Herbstzeitlosen. Sie sehen aus wie Krokusse, die du aus dem Garten im Frühling kennst. Die großen grünen Laubblätter der Herbstzeitlose sprießen erst im nächsten Frühjahr aus der Erde.

## Finger weg!

Die Herbstzeitlose ist sehr giftig! Fasse weder die Blätter noch die Samenkapseln an! Wenn ein Mensch nur ein bis fünf Samen isst, kann er daran sterben. Selbst Kühe machen einen großen Bogen um die Herbstzeitlose. Nur Ziegen und Schafe fressen sie. Ihre Milch kann danach allerdings noch Spuren des Gifts enthalten.

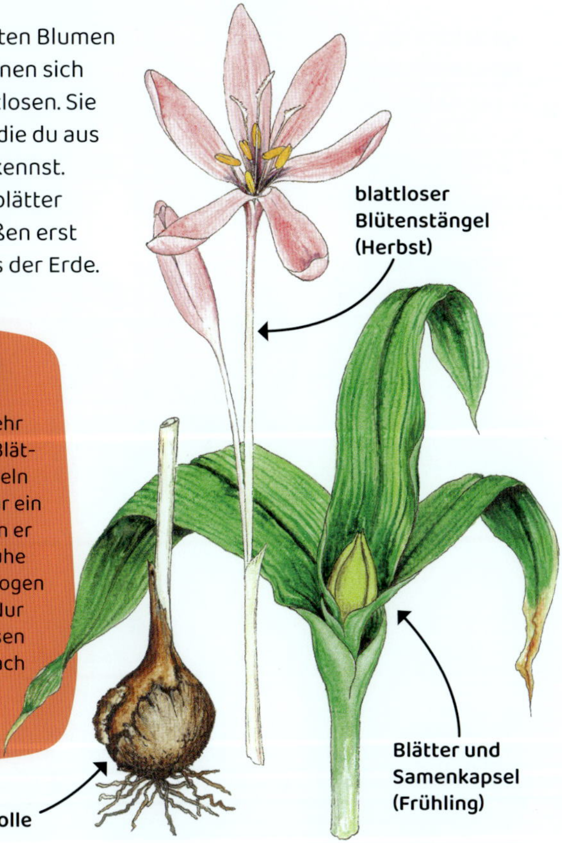


Du wirst diese Pflanze in Norddeutschland wahrscheinlich vergeblich suchen. Im Süden Deutschlands findest du sie noch auf vielen Wiesen. Allerdings ist die Herbstzeitlose auch dort selten und ist eine geschützte Art.

**Die Herbstzeitlose wird 5 bis 20 cm hoch.**

**Die Herbstzeitlose blüht von August bis Oktober.**

Feb | Mär | Apr | Mai | Jun | Jul | Aug | Sep | Okt | Nov | Dez

# Die Kornblume

Bei der Kornblume fallen die äußeren blauen Blüten auf, die wie ein Strahlenkranz aussehen. Doch es handelt sich dabei nur um sogenannte „**Scheinblüten**“. Sie sollen Nektar suchende Insekten anlocken. Die eigentlichen Blüten sitzen in der Mitte dicht gedrängt im Blütenkörbchen.

**Bunte Feldblumen auf einer Blumenwiese: Klatschmohn, Margerite und Kornblume**

## Wichtig zu wissen!

Heute sind Kornblumen selten. Warum? Inzwischen wird das Getreidesaatgut säuberlich von allen Wildblumensamen gereinigt. Die Getreidefelder werden zusätzlich mit chemischen Stoffen behandelt, die Wildkräuter wie die Kornblume gar nicht erst groß werden lassen.

Früher gab es in Getreidefeldern auch immer Kornblumen. Doch heute findest du sie dort nur noch selten. Dafür sieht man diese wunderschönen blauen Blumen immer häufiger in Gärten und Parkanlagen, wo sie ausgesät werden.

**Die Kornblume wird 20 bis 90 cm hoch.**

**Die Kornblume blüht von Juni bis September.**

Jan | Feb | Mär | Apr | Mai | Jun | Jul | Aug | Sep | Okt | Nov

# Die Wegwarte

Besonders schön sind die himmelblauen Blüten der Wegwarte. Ähnlich wie beim Löwenzahn sitzen auch bei ihr viele kleine Einzelblüten in einem Körbchen. Alte Erzählungen beschreiben diese Blumen als traurige Augen eines jungen Burgfräuleins, das am Wegesrand auf ihren Geliebten wartet. Siehst du eine Ähnlichkeit?

## Schau genau!

Wenn du eine Wegwarte findest, besuche sie regelmäßig zu verschiedenen Tageszeiten. Dann kannst du beobachten, dass sich die Blüten bei schönem Wetter gegen neun Uhr morgens öffnen und sich bereits mittags wieder schließen.

**Die Blüten der Wegwarte sind nur in der ersten Hälfte des Tags geöffnet.**

Wo du die Wegwarte finden kannst, verrät dir schon ihr Name: Sie wächst vor allem an Weg- und Straßenrändern. Du kannst sie aber auch auf Viehweiden finden.

**Die Wegwarte wird 20 bis 120 cm hoch.**

**Die Wegwarte blüht von Juli bis September.**

Feb | Mär | Apr | Mai | Jun | Jul | Aug | Sep | Okt | Nov | Dez

# Der Wiesen-Salbei

Immer vier bis acht blaue Blüten stehen in Kreisen um den Stängel herum. Jede einzelne Blüte sieht aus wie ein aufgerissenes Maul mit Ober- und Unterlippe. Die Blütenform erinnert an die Blüten der Taubnessel.

## Mach mit!

Mit diesem kleinen Experiment kannst du beobachten, was passiert, wenn eine Hummel eine Blüte besucht. Berühre den Rachen der Blüte vorsichtig mit einem spitzen Stift. Jetzt kannst du sehen, wie sich die Staubbeutel herabneigen. In dieser Stellung würden sie den Rücken einer Hummel berühren.

**Die Hummel wird beim Nektarnaschen mit dem Staubbeutel bepudert. So trägt sie den Blütenstaub als blinden Passagier zur nächsten Blüte.**

Den Wiesen-Salbei entdeckst du auf Wiesen, an Wegrändern und Böschungen. Er wächst am liebsten auf steinigen Böden.

**Der Wiesen-Salbei wird 30 bis 60 cm hoch.**

**Der Wiesen-Salbei blüht von April bis August.**

Jan | Feb | Mär | Apr | Mai | Jun | Jul | Aug | Sep | Okt | Nov

# Der Gamander-Ehrenpreis

Du kannst den Gamander-Ehrenpreis an seinen vier kleinen tiefblauen Blütenblättern bestimmen. Das untere Blütenblatt ist kleiner als die anderen. Die Blüten sind kurzlebig. Täglich öffnen sich neue Knospen.

Der Gamander-Ehrenpreis wächst sehr zahlreich an Wegrändern, auf Wiesen und an Waldrändern.

## Schau genau!

Pflücke einen Stängel und halte ihn gegen das Licht. Wenn du den Stängel langsam zwischen Daumen und Zeigefinger drehst, fühlst und siehst du an zwei Seiten des Stängels feine Härchenreihen. So kannst du den Gamander-Ehrenpreis von seinen Verwandten unterscheiden.

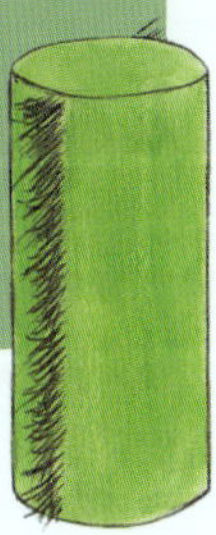

**Am Stängel sitzen auf zwei Seiten feine Härchen.**

**Der Gamander-Ehrenpreis wird 10 bis 30 cm hoch.**

**Der Gamander-Ehrenpreis blüht von April bis Juni.**

Feb | Mär | **Apr** | **Mai** | **Jun** | Jul | Aug | Sep | Okt | Nov | Dez

# Der Frauenmantel

Du kannst den Frauenmantel an seinen rundlichen, grünen Blättern leicht erkennen. Die hellgrünen Blüten sind dagegen sehr unscheinbar. Seinen Namen hat der Frauenmantel von der Form seiner Blätter. Sie erinnern ja wirklich ein wenig an einen Mantel, oder?

## Schau genau!

Die Blätter des Frauenmantels bieten dir bei feuchter Luft morgens einen wunderschönen Anblick: Kleine Wasserperlen zieren dann in gleichmäßigen Abständen die Zähnchen an den Blatträndern. Die Tröpfchen sind Wasser, das der Frauenmantel abgibt, das aber in der feuchten Luft nicht sofort verdunstet.

**Die Wassertröpfchen am Blattrand des Frauenmantels sehen aus wie kleine Perlen.**

Der Frauenmantel wächst auf Wiesen, in Wäldern, an Gräben und Böschungen. Im Bergland ist er besonders weit verbreitet.

**Der Frauenmantel wird 10 bis 40 cm hoch.**

**Der Frauenmantel blüht von Mai bis September.**

Jan | Feb | Mär | Apr | Mai | Jun | Jul | Aug | Sep | Okt | Nov

# Die Vogelwicke

Zahlreiche violette Blüten, die dicht beisammenstehen und in dieselbe Richtung blicken, machen die Vogelwicke leicht erkennbar. Auffällig sind auch die gefiederten Blätter, an deren Spitze sich eine **Ranke** befindet. Diese krümmt sich, sobald sie auf einen Halm stößt, um den sie sich wickeln kann.

## Schau genau!

Klebe einzelne Blütchen auf ein Blatt Papier. Mit etwas Fantasie kannst du im Umriss jeder Blüte ein Vögelchen erkennen. Ob allerdings die Vogelwicke nach diesen Vögelchen benannt ist, ist nicht klar. Vielleicht fressen die Vögel auch nur die Samen besonders gern.

Die Vogelwicke ist überall weit verbreitet und kommt außer auf Wiesen auch auf Feldern, in Hecken und Gebüschen vor.

**Die Vogelwicke wird 30 bis 100 cm hoch.**

**Die Vogelwicke blüht von Juni bis August.**

Feb | Mär | Apr | Mai | Jun | Jul | Aug | Sep | Okt | Nov | Dez

# Gräser

Gräser bestehen aus einem Halm, der meist rund und hohl ist und längliche Blätter trägt. Die unauffälligen Blüten stehen in langen Ähren oder Rispen beisammen. Es gibt sehr viele Arten, die von den schnittfesten Rasengräsern bis zu meterhohen Pampasgräsern reichen. Auch unsere Getreide, wie Roggen, Weizen, Gerste, Hafer und der Mais gehören zu den Gräsern.

## Schau genau!

Im Rasen wachsen verschiedene Blumen, denen das regelmäßige Mähen nichts ausmacht. Dazu gehören Gänseblümchen, Löwenzahn und Klee. Willst du Gras säen, vielleicht an Stellen in der Wiese, die abgetreten sind, oder auf kahlen Bereichen, an denen mal der Sandkasten stand, dann informiere dich, welche Grassamenmischungen es gibt. In jedem Fall sollte die Fläche frei von Steinen und Kräutern sein und eine gute Humusschicht haben. Der ausgestreute Samen muss gut festgedrückt und feucht gehalten werden.

In Gärten bilden Gräser oft grüne Rasenflächen oder zieren einzeln stehend die Beete. Manche Wildgräser wie die Quecke werden auch als „Unkräuter" entfernt.

Chinaschilf

Mais

Quecke

Saat-Weizen

Gräser werden 5 bis 300 cm hoch.

Gräser blühen von April bis September.

Jan | Feb | Mär | Apr | Mai | Jun | Jul | Aug | Sep | Okt | Nov

# Der Schwarzdorn

## wird auch Schlehe genannt

Der Schwarzdorn ist im Frühjahr einer der ersten Sträucher, der üppig weiß blüht. Die duftenden Blüten kommen deutlich vor den Blättern zum Vorschein. Seine vielen Dornen schützen ihn gegen hungrige Mäuler von Rehen, Kühen oder Schafen. Im Herbst hängen die kleinen, runden blauen Schlehenfrüchte am Busch. Aber erst nach dem ersten Frost sind sie nicht mehr so bitter und essbar.

### Erstaunlich!

Früher hat man die reich verzweigten Äste bei der Salzgewinnung genutzt. Über die im Gradierwerk dicht aufgeschichteten Zweige wurde salziges Wasser (die Sole) gegossen. An den feinen Zweigen konnte viel Wasser verdampfen, sodass sich in der restlichen Sole der Salzgehalt konzentrierte. Damit konnte man viel kostbare Energie sparen, wenn zur Salzgewinnung die Sole eingedampft wurde.

Der Schwarzdorn kommt überall in Feldgehölzen, Hecken und an Waldrändern vor. Da er viele nützliche Insekten anlockt und anderen Tieren einen sicheren Unterschlupf bietet, wird er auch in Parks und naturnahen Gärten angepflanzt.

**Der Schwarzdorn wird 1 bis 3 m groß.**

**Der Schwarzdorn blüht von März bis April.**

Feb | Mär | Apr | Mai | Jun | Jul | Aug | Sep | Okt | Nov | Dez

# Die Zwetschge

Wie viele andere Obstbäume blüht der Baum mit schönen weißen Blüten, kurz bevor die Blätter kommen. Die Blätter sind eiförmig und am Rand fein gesägt. Die Blattunterseite ist dicht behaart. Die Äste können mit kurzen, spitzen Dornen besetzt sein. Die blau bereiften Zwetschgen sind im Herbst leicht zu erkennen.

**Wichtig zu wissen!**

Die Zwetschge ist eine Unterart der Pflaume, die eher kugelig bis eiförmig und sehr saftig ist. Obwohl sie von der Farbe her völlig anders aussehen, sind auch die gelbe Mirabelle und die rötliche Reneklode Unterarten der Pflaume.

**Mirabelle**

Der Zwetschgenbaum kommt nur in Gärten, auf Obstwiesen oder in Obstbaumalleen vor. Selten wirst du einen verwilderten Zwetschgenbaum finden.

**Die Zwetschge wird 5 bis 15 m groß.**

**Die Zwetschge blüht von April bis Mai.**

| Jan | Feb | Mär | Apr | Mai | Jun | Jul | Aug | Sep | Okt | Nov |
|---|---|---|---|---|---|---|---|---|---|---|

# Die Birne

Die Blätter der Birne kannst du leicht von denen des Apfels unterscheiden. Sie sind glatt bzw. sehr fein gesägt, haben keine Haare auf der Unterseite und glänzen mehr. Die Blüten sind reinweiß mit fünf Blütenblättern. Wie beim Apfel gibt es auch bei der Birne sehr viele Sorten.

## Wichtig zu wissen!

Spielst du Flöte, dann hast du vielleicht ein Stück Birnenholz in der Hand. Viele Blockflöten werden wegen des guten Klangs aus Birnenholz gemacht. Ansonsten ist das Holz auch für den Bau von Möbeln sehr beliebt.

In Gärten und auf Obstwiesen stehen die meisten Birnbäume. In Süddeutschland findest du in warmen, lichten Laubwäldern und Felsgebüschen mit etwas Glück die Holzbirne, eine Wildform der Birne.

**Die Birne wird 15 bis 25 m groß.**

**Die Birne blüht von April bis Mai.**

Feb | Mär | **Apr** | **Mai** | Jun | Jul | Aug | Sep | Okt | Nov | Dez

# Der Apfel

Die schönen großen, rosaweißen Blüten fallen im Frühling besonders auf. Im Herbst leuchten dagegen die grünen oder roten Äpfel am Baum. Die Blätter beim Apfel sind eiförmig und vorn zugespitzt. Auf der Blattunterseite sind sie dicht behaart und am Blattrand gesägt.

## Wichtig zu wissen!

Weißt du, was ein Pomologe ist? Ein Apfelexperte. Äpfel werden schon seit vielen hundert Jahren gezüchtet, sodass es inzwischen ca. 20 000 Apfelsorten weltweit gibt. In Deutschland sind es immerhin noch ca. 2 000 Sorten. Ein Pomologe bestimmt die Sorten anhand der Farbe und des Geschmacks des Apfels, der Form des Kerngehäuses und des Standorts des Baums.

In Gärten und auf Obstwiesen stehen die meisten Apfelbäume. In lichten Laubwäldern findest du aber auch ab und zu wilde Äpfel, die besonders zur Blütezeit im Wald auffallen.

**Apfelsorten unterscheiden sich schon oft auf den ersten Blick.**

**Der Apfel wird 2 bis 15 m groß.**

**Der Apfel blüht von April bis Mai.**

Jan | Feb | Mär | Apr | Mai | Jun | Jul | Aug | Sep | Okt | Nov

# Die Sal-Weide

Die Blätter der Sal-Weide sind sehr unterschiedlich, von schmal und länglich bis rundlich und oval. Die Blattoberseite ist etwas runzelig, die Unterseite weich und graufilzig behaart. Es gibt männliche und weibliche Bäume, die ihre Blütenkätzchen lange vor den Blättern austreiben. Die Samen hängen an dünnen weißen Schwebehaaren und können vom Wind weit verbreitet werden.

## Schau genau!

Für die Bienen ist die Sal-Weide wegen ihrer frühen Blütezeit ein wichtiger Nektar- und Pollenlieferant, denn viele andere Pflanzen blühen jetzt noch nicht. Auch die ersten Schmetterlinge des Jahres, wie den Zitronenfalter oder den Kleinen Fuchs, kannst du hier entdecken.

**Sal-Weide in Blüte**

Die Sal-Weide ist eine Pionierpflanze, das heißt, sie siedelt sich schnell auf ungenutzten Flächen an. So findest du sie häufig an Weg- und Waldrändern, in Steinbrüchen, Kiesgruben oder auf Lichtungen.

**Die Sal-Weide wird bis zu 10 m groß.**

**Die Sal-Weide blüht von März bis Mai.**

Feb | Mär | Apr | Mai | Jun | Jul | Aug | Sep | Okt | Nov | Dez

# Die Feld-Ulme

Die Blätter der Feld-Ulme sind in Form und Größe sehr unterschiedlich. Typische Blätter sind länglich eiförmig, deutlich unsymmetrisch und glänzen. Auf der Blattunterseite sind in den Winkeln der Blattnerven weißliche Haarbüschel. Die in Büscheln stehenden Blüten treiben lange vor den Blättern aus. Die Samen sehen ähnlich aus wie bei der Berg-Ulme.

Die Feld-Ulme kommt in Auwäldern, an sonnigen Waldrändern und in Feldgehölzen vor. Gelegentlich wird sie auch in Parks angepflanzt.

geschneitelter Baum

## Wichtig zu wissen!

Früher wurde das Laub der Feld-Ulme an Kühe, Ziegen und Schafe verfüttert. Dafür hat man die frischen Äste am Stamm abgeschnitten (geschneitelt), getrocknet und im Winter verfüttert. Die geschneitelten Bäume bekamen durch diesen regelmäßigen Schnitt ein ganz charakteristisches Aussehen. In Österreich werden auch heute noch Bäume geschneitelt.

Die Feld-Ulme wird bis zu 40 m groß.

Die Feld-Ulme blüht von März bis April.

Jan Feb Mär Apr Mai Jun Jul Aug Sep Okt Nov

# Die Hänge-Birke

Ihren Namen verdankt die Hänge-Birke ihren langen, dünnen herunterhängenden Zweigen. Die relativ kleinen Blätter sind eiförmig bis dreieckig. Unverwechselbar ist auch die weiße Rinde, die sich in papierartigen Streifen ablösen lässt. Vom Wind werden die kleinen geflügelten Samen weit verstreut.

**Samen**

## Wichtig zu wissen!

Die Birke wird vielfältig genutzt. Aus den dünnen Ästen werden Reisigbesen hergestellt. Im Frühjahr wird der Baum angezapft und der aufsteigende Birkensaft gewonnen. Daraus werden Medizin und Kosmetikprodukte hergestellt. Und aus der Rinde wurde früher Birkenteer gemacht, eine Art Klebstoff.

Die Hänge-Birke ist weitverbreitet, kommt aber bevorzugt auf sandigen Böden, in Heiden und Mooren vor. Sie wächst auch in Kiesgruben, Feldgehölzen, auf Brachland und an Wegrändern. Zum Wachsen braucht die Birke viel Licht.

**Die Hänge-Birke wird bis zu 25 m groß.**

**Die Hänge-Birke blüht von März bis Mai.**

Feb | Mär | Apr | Mai | Jun | Jul | Aug | Sep | Okt | Nov | Dez

# Der Feld-Ahorn

Die Blätter des Feld-Ahorns haben drei bis fünf stumpfe Blattlappen und können bis zu 10 cm lang werden. Gleichzeitig mit den Blättern treiben im Frühling die kleinen, unauffälligen Blüten aus. Im Spätsommer entwickeln sich die typischen paarigen Flügelfrüchte mit fast waagerecht abstehenden Flügeln.

## Mach mit!

Die Früchte aller Ahorn-Arten sind sogenannte Schraubenflieger. Probier es aus und wirf ein paar Früchte aus dem Fenster. Nach ein paar Zentimetern fangen sie an, sich wie ein Hubschrauber zu drehen, und sinken so langsam zu Boden. Dabei kann der Wind den Samen weitertragen.

Der Feld-Ahorn kommt in krautreichen Wäldern, Feldgehölzen und Hecken vor. Er mag es lieber warm und wächst nicht so gern auf feuchten Böden. Im Norden Deutschlands ist er deshalb nicht so verbreitet.

Der Feld-Ahorn wird 5 bis 15 m groß.

Der Feld-Ahorn blüht von April bis Mai.

| Jan | Feb | Mär | Apr | Mai | Jun | Jul | Aug | Sep | Okt | Nov |
|---|---|---|---|---|---|---|---|---|---|---|

# Der Eingriffelige Weißdorn

Der Weißdorn ist ein sehr dichter, dorniger Strauch, nur selten erreicht er die Größe und Form eines Baums. Seine Blätter sind meist fünflappig und die Buchten sind fast bis zur Blattrippe eingeschnitten. Die Blüten leuchten weiß, ähnlich wie bei einem Kirschbaum. Die eiförmigen roten Früchte werden ab September reif und haben nur einen Kern.

Den Eingriffeligen Weißdorn findest du vor allem in Feldhecken, Gebüschen und an Waldrändern. Aber auch in Parks und naturnahen Gärten kannst du den schön blühenden Strauch finden.

## Schau genau!

Eine sehr ähnliche Art ist der Zweigriffelige Weißdorn. Wenn du dir dessen Blüte genau anschaust, erkennst du zwei weibliche Stempel. Sind die mehligen Früchte reif, haben sie auch zwei Kerne. Die Blätter sind oben breiter als am Grund und meist nicht so tief eingeschnitten.

Der Eingriffelige Weißdorn wird 2 bis 10 m groß.

Der Eingriffelige Weißdorn blüht von Mai bis Juni.

Feb | Mär | Apr | Mai | Jun | Jul | Aug | Sep | Okt | Nov | Dez

# Die Zitter-Pappel

## wird auch Espe genannt

Die Blätter der Zitter-Pappel sind fast kreisrund und buchtig gelappt, ähnlich einem Zahnkranz am Fahrrad. Der Blattstiel ist leicht abgeplattet. Wie bei der Silber-Pappel gibt es männliche und weibliche Bäume, die ihre Blütenkätzchen vor den Blättern austreiben. Auch die Früchte sind wollig behaart.

**Wichtig zu wissen!**

Kennst du den Ausdruck: Zittern wie Espenlaub? Die Blätter der Zitter-Pappel sind besonders beweglich. Das liegt an dem langen, abgeplatteten Blattstiel. So reicht ein leichter Windhauch, um das Blatt zittern und rascheln zu lassen.

**Blütenkätzchen der Zitter-Pappel**

Die Zitter-Pappel kommt überall da vor, wo der Boden ungenutzt ist, also auf Brachland, auf frisch geschlagenen Lichtungen, in Steinbrüchen oder an Weg- und Waldrändern.

**Die Zitter-Pappel wird bis zu 30 m groß.**

**Die Zitter-Pappel blüht von März bis April.**

Jan | Feb | Mär | Apr | Mai | Jun | Jul | Aug | Sep | Okt | Nov

# Der Schwarze Holunder

Der Schwarze Holunder wächst fast immer als buschiger Strauch. Die Blätter haben meist fünf gleich große Fiederblättchen. Diese sind länglich eiförmig mit einem gesägten Blattrand. Ab Mai ist der Busch übersät mit weißlichen Blütenständen, die süßlich duften. Die schwarzen Holunderbeeren sind schon ab August reif und bei vielen Vögeln sehr beliebt. Die Fruchtstiele verfärben sich dann purpurrot.

Auf leicht feuchten Standorten fühlt sich der Holunder wohl. Du findest ihn an Waldrändern, in Feldgehölze und Auwäldern. Da früher vieles aus ihm gemacht wurde, steht er auch meist bei alten Bauernhöfen, Gärten oder Feldscheunen.

## Mach mit!

Um den Holunder ranken sich viele Sagen und Märchen. Bei den Germanen wohnte die Hausgöttin Holla oder Holda im Holunderbusch. Daraus wurde dann in den Märchen die Frau Holle. Früher war der Holunderbusch im Garten ein Schutzbaum, der vor Feuer, Unglück und Hexerei schützen sollte. Aus den Blüten kannst du Holundersirup oder Holunderküchlein machen, aus den Beeren Marmelade oder Saft kochen.

**Der Schwarze Holunder wird bis zu 10 m groß.**

**Der Schwarze Holunder blüht von Mai bis Juni.**

Feb | Mär | Apr | Mai | Jun | Jul | Aug | Sep | Okt | Nov | Dez

# Lebensraum Wald

Scharlachroter Feuerkäfer
Seite 144

Glühwürmchen
Seite 145

Zitronenfalter
Seite 146

Eichen-Prozessionsspinner
Seite 147

Rote Waldameise
Seite 148

Rotfuchs
Seite 149

Wildschwein
Seite 150

Reh
Seite 151

Rothirsch
Seite 152

Dachs
Seite 153

Großer Abendsegler
Seite 154

Mönchsgrasmücke
Seite 155

Kolkrabe
Seite 156

Wintergoldhähnchen
Seite 157

Grauschnäpper
Seite 158

# Lebensraum Wald

# Der Scharlachrote Feuerkäfer

An seinen roten Flügeldecken, dem roten Brustschild und dem schwarzen Kopf kann man den Scharlachroten Feuerkäfer leicht erkennen. Der Körper ist flach, lang gestreckt und schwarz gefärbt. Wie alle Käfer zählt er zu den Insekten mit vollständiger Verwandlung. Das heißt, dass aus dem Ei eine Larve schlüpft, daraus wird eine Puppe und erst dann entwickelt sich der Käfer voll.

## Erstaunlich!

Das Feuerkäfer-Weibchen legt Eier unter die lose Baumrinde gefällter Bäume und in Baumstümpfe. Hier entwickeln sich Larven, die mit ihren kräftigen Mundwerkzeugen im Holz Gänge bohren, um andere dort lebende Insektenlarven zu erbeuten. Da Feuerkäferlarven auch Baumschädlinge wie Borkenkäferlarven fressen, gelten sie als Nützlinge. Nach zwei bis drei Jahren Entwicklungsdauer verpuppen sich die Larven. Kurze Zeit später schlüpfen aus den Puppen die ausgewachsenen roten Käfer, die Nektar, Honigtau oder Pflanzensäfte naschen.

Lebensraum des Scharlachroten Feuerkäfers sind Wälder. Die ausgewachsenen, flugfähigen Tiere kann man an Waldrändern und Lichtungen meist in der niedrigen Strauch- und Krautschicht beobachten.

**Der Scharlachrote Feuerkäfer wird 14 bis 18 mm lang.**

**Der Scharlachrote Feuerkäfer fliegt von Mai bis Juni.**

| Jan | Feb | Mär | Apr | Mai | Jun | Jul | Aug | Sep | Okt | Nov |
|---|---|---|---|---|---|---|---|---|---|---|

# Das Glühwürmchen

In lauen Sommernächten kannst du winzige Leuchtpünktchen entdecken. Es sind die fliegenden Leuchtkäfermännchen, besser bekannt als Glühwürmchen. Die Weibchen können mit ihren Stummelflügeln nicht fliegen und geben vom Boden aus Leuchtsignale, die die Männchen anlocken sollen. Glühwürmchen nehmen als erwachsene Käfer keine Nahrung mehr zu sich – nur die Larven erbeuten Schnecken. Es gibt verschiedene Glühwürmchen bei uns, hier siehst du den Kleinen Leuchtkäfer.

**links das flügellose, gelblich weiße Weibchen, rechts das Männchen**

## Erstaunlich!

Das grünliche Licht der Glühwürmchen ist ganz kalt. Es entsteht in den Leuchtorganen, wenn der Leuchtstoff Luciferin mit Sauerstoff reagiert. Interessanterweise leuchten auch die Eier leicht grünlich in der Dunkelheit.

Glühwürmchen kommen in lichten Laubwäldern und Parks, am Waldrand und auf feuchten Wiesen vor. Früher waren sie häufig, heute sind sie selten geworden.

**Das Glühwürmchen ist 0,8 bis 1 cm lang.**

**Das Glühwürmchen ist im Juni und Juli unterwegs.**

Feb | Mär | Apr | Mai | Jun | Jul | Aug | Sep | Okt | Nov | Dez

# Der Zitronenfalter

Der leuchtend gelbe Zitronenfalter ist der erste Schmetterling des Jahres, der schon an milden Wintertagen unterwegs ist. Dann sucht er gern die ersten blühenden Weidenkätzchen und Huflattichblüten auf. Zitronenfalter werden fast ein Jahr alt und gehören damit zu den Schmetterlingen mit der höchsten Lebensdauer.

## Erstaunlich!

Zitronenfalter überwintern als fertige Insekten ungeschützt auf einem Ästchen sitzend. Damit sie im kalten Winter nicht einfrieren, enthält ihre Körperflüssigkeit ein Frostschutzmittel, so wie das Wischwasser im Auto.

Weibchen

Männchen

Mischwälder und Hecken sind der Lebensraum des Zitronenfalters. Die grasgrünen Raupen fressen die Blätter von Faulbaum und Kreuzdorn, zwei typischen Wildsträuchern im Gebüsch.

Raupe

**Die Spannweite der ausgebreiteten Flügel beträgt 5 bis 5,5 cm.**

**Der Zitronenfalter fliegt von Februar bis September.**

Jan | Feb | Mär | Apr | Mai | Jun | Jul | Aug | Sep | Okt | Nov

# Der Eichen-Prozessionsspinner

Die Warnung vor Eichen-Pozessionsspinnern hat fast jeder schon einmal gehört oder gelesen. Seine Raupen besitzen viele kurze Brennhaare, die mit bloßem Auge nicht sichtbar sind. Wenn sich die Raupen bedroht fühlen, schießen sie die Brennhaare ab. Gelangen diese auf die Haut, in die Augen oder in die Atemwege, können sie zu heftigen allergischen Reaktionen führen. Dort, wo die Raupen massenhaft auftreten, kann das gefährlich werden.

## Finger weg!

Halte dich von den Raupen und den mit Brennhaaren versehenen Nestern fern!

## Wichtig zu wissen!

Die Raupen leben in einem dichten Gespinst in den Kronen von Eichen. Wenn sie abends auf Nahrungssuche gehen, bilden sie eine lange Schlange. Diese Prozession aus Raupen kann bis zu 10 m lang sein.

Der nachtaktive Eichen-Prozessionsspinner kommt in Eichenwäldern und Parks mit Eichen vor. Früher war er bei uns selten, wegen des menschengemachten Klimawandels breitet er sich immer mehr aus.

Die Spannweite der ausgebreiteten Flügel beträgt rund 2,5 cm.

**Der Falter fliegt von Juli bis September; die Raupen findest du ab Mitte April.**

Feb | Mär | Apr | Mai | Jun | Jul | Aug | Sep | Okt | Nov | Dez

# Die Rote Waldameise

Nur der Hinterkopf, die Beine und der Hinterleib sind schwarz gefärbt, der restliche Körper ist rot. Die Arbeiterinnen sind flügellos, die größeren Königinnen und Männchen tragen zum Hochzeitsflug im Sommer Flügel.

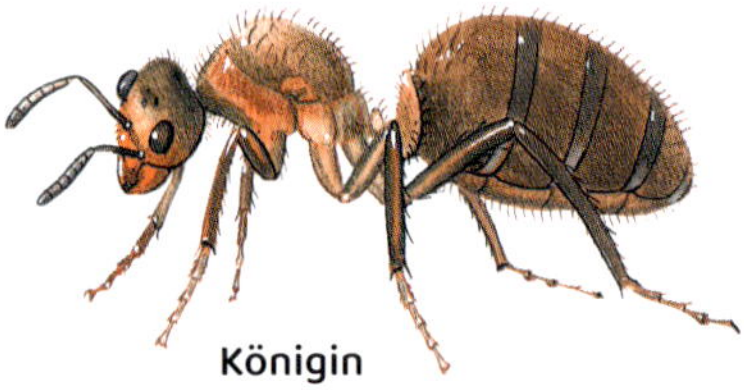

Königin

geflügeltes Männchen

Arbeiterin

Die häufige Rote Waldameise baut an sonnigen Stellen lichter Kiefern- oder Fichtenwälder ihre bis zu 1 m hohen Ameisenhaufen. Diese reichen wiederum mindestens ebenso tief in den Erdboden.

## Finger weg!

Wenn sich Ameisen bedroht fühlen, verspritzen sie Ameisensäure. Die Säure ist für kleine Insekten tödlich, auf deiner Haut und in den Augen brennt sie unangenehm.

## Erstaunlich!

Ein Staat der Roten Waldameise besteht aus bis zu einer Million Arbeiterinnen und vielen Königinnen. An einem einzigen Sommertag jagt so ein großes Volk bis zu 100 000 Beutetiere in der Umgebung des Nests. Darunter befinden sich auch viele Insekten, die als Forstschädlinge auftreten können, etwa die Raupen der Schmetterlingsarten Kiefernspinner oder Nonne.

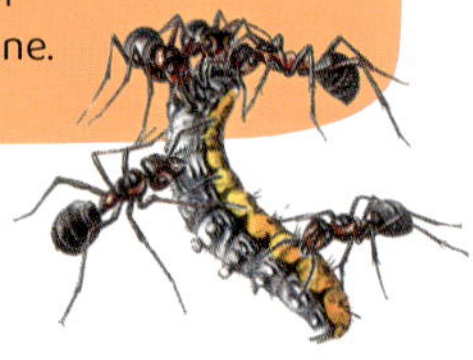

**Die Arbeiterin ist etwa 0,9 cm, die Königin etwa 1,1 cm cm lang.**

**Die Rote Waldameise ist von März bis Oktober unterwegs.**

Jan | Feb | Mär | Apr | Mai | Jun | Jul | Aug | Sep | Okt | Nov

# Der Rotfuchs

037

Namensgebend ist die rotbraune Oberseite des Fuchses. Dagegen sind Kehle und Unterseite weißlich, die Beine dunkelbraun bis schwarz. Die Ohren stehen aufrecht und sind äußerst beweglich. Der lange, buschige Schwanz (ca. 40 cm) dient ihm bei großen Sprüngen als Steuer oder beim Schlafen als Kissen.

**Fuchswelpen verlassen mit etwa einem Monat erstmals den Bau.**

## Wichtig zu wissen!

Früher wurde der Fuchs stark bejagt, weil er einer der Hauptüberträger der Tollwut war, einer für Menschen tödlichen Krankheit. Doch seit die Tollwut eingedämmt wurde, haben sich die Füchse wieder stark vermehrt. Heute hat der Fuchs als Überträger des Fuchsbandwurms einen schlechten Ruf, obwohl die Gefahr, sich anzustecken, gering ist.

Nicht umsonst wird der Fuchs als schlau bezeichnet, denn er passt sich seiner Umwelt prima an. So lebt er nicht nur in unterschiedlichen Waldgebieten und in Feldgehölzen, sondern auch in Großstädten. Als Allesfresser findet er genügend Nahrung. Seinen Fuchsbau gräbt er entweder selbst oder er nutzt einen alten Bau vom Dachs. Manchmal wohnen Dachs und Fuchs auch in einem Bau.

**Der Rotfuchs wird (ohne Schwanz) 62 bis 75 cm lang.**

**Den Rotfuchs kannst du das ganze Jahr über beobachten.**

Feb | Mär | Apr | Mai | Jun | Jul | Aug | Sep | Okt | Nov | Dez

# Das Wildschwein

038

## Schau genau!

Die neugeborenen Jungen des Wildschweins nennt man in der Jägersprache Frischlinge. Ihr Fell hat eine hellgelb-bräunliche Tarnfärbung mit vier bis fünf Längsstreifen. Nach drei Monaten verfärbt sich das Fell bräunlich. Männliche Wildschweine nennt man in der Jägersprache Keiler, weibliche Bache.

Der Körper von Wildschweinen ähnelt wie bei allen Schweinen einem Fass. Ihre Haut ist sehr derb. Im Winter ist ihr Fell dunkelgrau bis braunschwarz mit langen borstigen Deckhaaren und kurzen feinen Wollhaaren. Im Sommer ist das Fell kurz und an den Spitzen etwas heller.

**An jedem Fuß befinden sich vier Zehen, wobei die vorderen Zehen das Gewicht tragen.**

**Sehr gern nimmt das Wildschwein ein kühlendes Schlammbad gegen Parasiten (zum Beispiel Flöhe).**

Als Lebensraum bevorzugt das Wildschwein feuchte, lichte Laub- und Mischwälder. Die Nahrung des Allesfressers besteht vor allem aus Eicheln und Bucheckern, er kann aber mit seinem Rüssel auch Knollen, Wurzeln und Bodentiere wie Insektenlarven oder Mäuse aus dem Boden ausgraben. Auch Aas (Tiere, die bereits tot sind) frisst er gerne.

**Das Wildschwein wird 110 bis 180 cm lang.**

**Das Wildschwein ist ganzjährig aktiv.**

Jan | Feb | Mär | Apr | Mai | Jun | Jul | Aug | Sep | Okt | Nov

# Das Reh 039

Die kleinste Hirschart in unseren Wäldern ist das Reh. Die Schulterhöhe beträgt etwa 75 cm. Trotzdem wirkt das Reh mit den dünnen Beinen und dem langen Hals viel größer. Im Sommer ist sein Fell rotbraun, im Winter graubraun. Der weißliche Fleck am Po wird in der Jägersprache Spiegel genannt. Nur das Männchen, der Rehbock, hat ein kleines, verzweigtes Geweih.

## Wichtig zu wissen!

Im Mai werden die jungen Rehkitze geboren, oft auf einer Wiese in der Nähe von schützendem Dickicht. Die ersten Tage bleiben sie dort ganz allein, die Mutter kommt nur zum Säugen. Durch die weißen Punkte auf dem Fell ist ein Kitz aus der Luft perfekt getarnt und da es selbst noch keinen Geruch hat, wird es auch nicht von Füchsen oder Hunden entdeckt. Findest du zufällig ein Kitz, dann fasse es auf keinen Fall an, denn sonst riecht es nach Mensch und die Mutter nimmt es nicht mehr an!

Rehe leben gern in abwechslungsreichen Mischwäldern. Das heißt, neben dem Wald mit viel Unterholz und Sträuchern zum Verstecken brauchen sie auch Lichtungen, Wiesen und Felder. In dichten Wäldern wirst du sie dagegen nicht finden. Im Herbst und Winter sind die Rehe in kleinen Gruppen unterwegs. Das restliche Jahr über sind sie eher Einzelgänger.

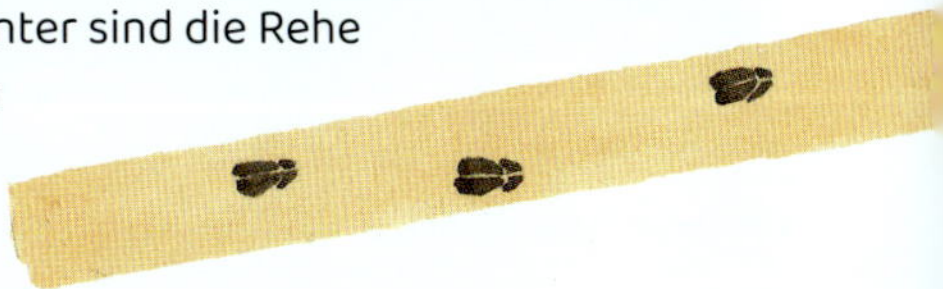

**Das Reh wird 90 bis 140 cm lang.**

**Das Reh kannst du das ganze Jahr über beobachten.**

Feb Mär Apr Mai Jun Jul Aug Sep Okt Nov Dez

# Der Rothirsch 040

Weibchen mit Kitz

Das größte in Deutschland lebende Wildtier ist der Rothirsch. Das Männchen ist an seinem großen Geweih leicht zu erkennen. Weibchen tragen dagegen kein Geweih. Das Sommerfell ist rotbraun. Im Winter wird es graubraun, doppelt so lang und schön dicht und warm. Im Herbst kannst du die Männchen hören, wenn sie während der Paarungszeit laut röhren. Das hört sich im Dunkeln ziemlich gruselig an.

## Wichtig zu wissen!

Das prächtige Geweih des Männchens wächst jedes Jahr neu. Zwischen Februar und März wird es abgeworfen. Danach fängt sofort ein neues an zu wachsen, das nach nur fünf Monaten fertig ist. Dann fegt der Hirsch die sogenannte Basthaut vom Geweih ab, die vorher das Geweih eingehüllt und mit Nährstoffen versorgt hat. Erst jetzt ist das Geweih fest und hart und kann bei den Kämpfen um die Weibchen eingesetzt werden.

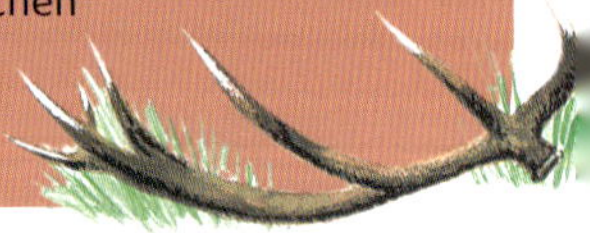

Rothirsche sind anpassungsfähig und kommen in vielen Lebensräumen zurecht. In Deutschland leben sie aber vor allem in großen Waldgebieten, möglichst weit weg von Menschen. Zum Fressen kommen sie auch auf Lichtungen und an Waldränder. Hirsche leben meist in Rudeln, nur alte Männchen ziehen als Einzelgänger durch den Wald.

**Der Rothirsch wird 160 bis 205 cm lang.**

**Den Rothirsch kannst du das ganze Jahr über beobachten.**

Jan | Feb | Mär | Apr | Mai | Jun | Jul | Aug | Sep | Okt | Nov

# Der Dachs 🔈 041

Der schwarz-weiß gestreifte Kopf ist das Markenzeichen des Dachses. Während der Kopf eher lang und schmal ist, wirkt der Körper sehr kräftig. Die Oberseite ist silbergrau, die Beine sind schwarz behaart. An den Pfoten hat der Dachs kräftige Grabklauen. Dachse sind die größten heimischen Marder und fressen Regenwürmer und Insekten, aber auch Feldfrüchte, Eicheln und Nüsse.

**Erstaunlich!**

So ein Dachsbau kann ziemlich groß werden. Schon ein einfacher Bau hat einen Durchmesser von ca. 30 m und mehrere Eingänge. Der Schlafraum liegt in etwa 5 m Tiefe. Ein Dachsbau kann über Jahrzehnte genutzt werden. In England wurde ein Bau gefunden, der ca. 50 Kammern, 187 Eingänge und ein 879 m langes Tunnelsystem hatte.

**Hier war kein Bär unterwegs, sondern ein Dachs (Abdruck 5 bis 7 cm lang).**

Den Dachs findest du an Waldrändern mit dichtem Unterwuchs. Er bevorzugt Laubmischwälder. Geschlossene Waldgebiete oder reine Nadelwälder meidet er dagegen. Seine reich verzweigten unterirdischen Höhlen gräbt er gern in Hänge. Dachse sind nur nachts unterwegs. Ist der Winter sehr kalt, bleibt der Dachs in seinem Bau und hält Winterruhe.

**Der Dachs wird mit Schwanz etwa 81 cm lang.**

**Den Dachs kannst du das ganze Jahr über beobachten.**

Feb | Mär | Apr | Mai | Jun | Jul | Aug | Sep | Okt | Nov | Dez

# Der Große Abendsegler 042

Der Große Abendsegler ist eine große Fledermaus mit einer Spannweite von 40 cm. Die Flügelspitzen sind relativ schmal. Die großen Ohren sind recht breit und an den Spitzen abgerundet. Das kurze Fell ist auf der Oberseite rostrot, auf der Unterseite etwas heller. Hast du gute Ohren? Dann kannst du die „**klick**"-Laute beim Jagdflug hören. Bei den meisten anderen Fledermausarten funktioniert das nicht.

**Der Große Abendsegler ist ein ausdauernder Flieger.**

## Wichtig zu wissen!

Der Große Abendsegler ist eine Wanderfledermaus. Die Weibchen und ein Teil der Männchen fliegen ab März nach Nordosten. Dort werden die Jungen geboren und großgezogen. Im Herbst ziehen die Tiere dann wieder nach Südwesten und suchen ihre Winterquartiere auf. Große Abendsegler sind teilweise auch tagsüber unterwegs und fliegen sogar an warmen Tagen im Winter.

Ursprünglich ist der Große Abendsegler eine Waldfledermaus. Auf der Jagd kannst du ihn über Feldern beobachten. Heute besiedelt er aber auch Städte und jagt gern in Parks oder auf Friedhöfen. Den Tag verbringt er in Baumhöhlen, Fledermauskästen oder in Spalten von Gebäuden.

**Der Große Abendsegler kann bis zu 8 cm lang werden.**

**Den Großen Abendsegler kannst du von März bis November beobachten.**

Jan | Feb | Mär | Apr | Mai | Jun | Jul | Aug | Sep | Okt | Nov

# Die Mönchsgrasmücke

043

Die männliche Mönchsgrasmücke hat eine schwarze Kappe auf. Der Rest des Gefieders ist einheitlich grau. Das Weibchen trägt eine braune Kappe. Mit ihrem melodischen, flötenden Gesang gehört diese Vogelart zu unseren besten Sängern. Bei Erregung oder Gefahr ruft sie dagegen laut und hart „**teck-teck-teck**".

**Weibchen**

**Männchen**

## Wichtig zu wissen!

Seit einigen Jahren gibt es Mönchsgrasmücken, die den Winter nicht mehr im warmen Süden am Mittelmeer verbringen. Diesen Vögeln reicht der milde Winter in Südengland. Das hat den Vorteil, dass sie weniger fliegen müssen und im Frühling viel ausgeruhter im Brutgebiet ankommen. So können sie die besten Brutreviere schon früh besetzen.

Ihr Nest baut sie in dichtem Gebüsch oder jungen Fichten. Von August bis Oktober kannst du sie oft in Holunderbüschen sehen. Dort frisst sie die schwarzen Beeren, um sich auf ihren Weg in den Mittelmeerraum vorzubereiten.

**Die Mönchsgrasmücke wird 13 bis 15 cm groß.**

**Die Mönchsgrasmücke kommt von April bis Oktober vor.**

Feb | Mär | Apr | Mai | Jun | Jul | Aug | Sep | Okt | Nov | Dez

# Der Kolkrabe

044

Oft werden Krähen als Raben bezeichnet, aber der einzige richtige Rabe in Deutschland ist der Kolkrabe. Er ist zwar genauso schwarz wie eine Rabenkrähe, aber deutlich größer und hat einen sehr kräftigen Schnabel. Häufig hört man erst seine tiefen und rauen „**Korrk-korrk**"-Rufe oder ein warnendes „**Rack-rack-rack**". Im Frühling ruft er auch laut wie ein Gong „**klong**". Der Kolkrabe ist unser größter Singvogel.

## Schau genau!

Kolkraben gelten als ziemlich schlau und verspielt. Das lässt sich gut im Frühjahr während der Balz beobachten. Dann vollführen die Paare die abenteuerlichsten Flugspiele, indem sie dicht nebeneinander fliegen, sich Verfolgungsjagden liefern, Sturzflüge machen oder sogar kurz auf dem Rücken fliegen.

Vor 70 Jahren galt der Kolkrabe noch als Schädling und wurde so stark gejagt, dass es nur noch in den Alpen und in Schleswig-Holstein ein paar Vögel gab. Heute lebt er wieder in großen Waldgebieten, Mittelgebirgen und auf Heideflächen. Schon Ende Februar beginnen die Kolkraben mit dem Brüten auf Bäumen oder Felsen. Die Paare bleiben ein Leben lang zusammen.

**Der Kolkrabe wird 54 bis 67 cm groß.**

**Der Kolkrabe kommt ganzjährig vor.**

Jan | Feb | Mär | Apr | Mai | Jun | Jul | Aug | Sep | Okt | Nov

# Das Wintergoldhähnchen

045

Das Wintergoldhähnchen ist der kleinste Brutvogel in Europa. Neben der rundlichen Gestalt und dem graugrünen Gefieder fallen die weißliche Flügelbinde und der gelbe, schwarz eingerahmte Scheitelstreif auf. Wintergoldhähnchen turnen in ständiger Bewegung durchs Geäst. Ihre Stimmen zeichnen sich durch ein feines, hohes, auf- und absteigendes „**Zi-si, Zi-si, Zi-si**" aus.

## Erstaunlich!

Mit gerade mal 5 g wiegt das Wintergoldhähnchen so viel wie zwei Stück Würfelzucker. Um seine Körpertemperatur aufrechtzuerhalten, muss es daher ständig fressen. So benötigt es täglich mehr Futter, als es selbst wiegt, damit es nicht verhungert. In langen, schneereichen Wintern wird das für den kleinen Insektenfresser zum Problem.

**Das Wintergoldhähnchen ist sehr leicht.**

In größeren Fichtenwäldern kannst du diese Winzlinge entdecken. Das Wintergoldhähnchen ist vor allem in Nadelbäumen zu finden. Dort sucht es die äußeren Zweige nach kleinen Insekten ab und baut sein Nest aus Spinnenweben, Moos, Flechten, weichen Federn und Tierhaaren. Im Winter kommt es auch mal ans Futterhäuschen.

**Das Wintergoldhähnchen wird 8 bis 9 cm groß.**

**Das Wintergoldhähnchen kommt ganzjährig vor.**

Feb Mär Apr Mai Jun Jul Aug Sep Okt Nov Dez

# Der Grauschnäpper

046

Der Grauschnäpper ist ein unauffälliger Vogel. Er hat einen graubraunen Rücken, eine schmutzig weiße Unterseite und ist an der Brust leicht grau gestrichelt. Das Auge ist auffällig groß und sticht schwarz hervor. So ist der Grauschnäpper bestens getarnt und macht höchstens mit seinen hohen „**Tzieht-tzieht**"-Rufen auf sich aufmerksam.

**Grauschnäpper fängt eine Fliege.**

## Schau genau!

Der Grauschnäpper ist ein Meister im Insektenfang. Meist siehst du ihn auf einem Aussichtsposten sitzen, zum Beispiel auf einem trockenen Ast oder einem Zaun. Dort wartet er auf Fliegen, Mücken oder Schmetterlinge, denen er geschickt hinterherjagt. Meist kehrt er nach erfolgreichem Fang auf seinen Aussichtsposten zurück.

Er kommt in offenen Wäldern mit vielen Lichtungen vor, an Waldrändern, aber auch in Parks, Obstwiesen und Gärten mit alten Bäumen. Hier baut er sein Nest in Halbhöhlen. Im September macht sich der Grauschnäpper auf den langen Weg bis ins südliche Afrika.

**Der Grauschnäpper wird 13 bis 15 cm groß.**

**Der Grauschnäpper kommt von Mai bis September vor.**

Jan | Feb | Mär | Apr | Mai | Jun | Jul | Aug | Sep | Okt | Nov

# Die Schwanzmeise

047

Ein kleiner schwarz-weiß-bräunlicher Vogel mit einem langen Schwanz und einem kleinen, spitzen Schnabel: Das kann nur die Schwanzmeise sein. So turnt sie geschickt an den dünnsten Zweigen, teilweise kopfüber hängend. Die hohen **„Tsi-tsi-tsi"**-Rufe oder ein schnurrendes **„Tschrrrt"** kündigen sie oft schon vorher an.

**Schwanzmeise am Nest**

## Schau genau!

Von der Schwanzmeise gibt es zwei Varianten. Normalerweise siehst du Vögel mit einem schwarz-weiß gestreiften Kopf. Im Winter wandern aber auch Schwanzmeisen aus Ost- und Nordeuropa zu uns ein, die einen rein weißen Kopf haben. Achte mal im Winter darauf, vielleicht entdeckst du neben streifenköpfigen auch weißköpfige Schwanzmeisen. Dann weißt du genau: Diese Vögel kommen von weit her!

Schwanzmeisen brüten vor allem in Laub- und Mischwäldern. Sie kommen aber auch in Parks und Gärten mit viel Unterholz vor. Das Nest ist gut getarnt und wird niedrig im dichten Gebüsch gebaut. Im Winter kannst du die Vögel in kleinen Gruppen durch die Gegend ziehen sehen.

**Die Schwanzmeise wird 13 bis 15 cm groß.**

**Die Schwanzmeise kommt ganzjährig vor.**

Feb | Mär | Apr | Mai | Jun | Jul | Aug | Sep | Okt | Nov | Dez

# Der Buchfink

048

Einer unserer häufigsten und hübschesten Vögel ist der Buchfink. Oberkopf und Nacken sind graublau, das Gesicht, Brust und Bauch rostrot. Die schwarzen Flügel haben zwei weiße Binden und der Rücken ist braun. Der Gesang hört sich so an wie: „**Bin ich nicht ein schöner Bräutigam?**“ Sonst ruft er oft „**pink**“. Das Weibchen ist insgesamt blasser und brauner gefärbt.

## Erstaunlich!

Auch bei Vögeln gibt es Dialekte. Da der Buchfink in ganz Europa verbreitet ist, haben sich im Lauf der Zeit in unterschiedlichen Regionen verschiedene Buchfinkengesänge und -rufe entwickelt. Ein Buchfinken-Experte kann also genau bestimmen, woher der Vogel kommt, wenn er ihn singen oder rufen hört.

Der Buchfink kommt in allen Wäldern häufig vor, aber auch in Parks, auf Friedhöfen und in Gärten mit einigen großen Bäumen. Im Winter bilden sich oft große Schwärme, die im Wald nach Bucheckern, Samen und Früchten suchen. Sie kommen aber auch gern ans Futterhäuschen.

**Der Buchfink wird 14 bis 16 cm groß.**

**Der Buchfink kommt ganzjährig vor.**

Jan | Feb | Mär | Apr | Mai | Jun | Jul | Aug | Sep | Okt | Nov

# Der Buntspecht

049

An seinem schwarz-weißen Gefieder mit den knallroten Unterschwanzdecken erkennst du den Buntspecht. Das Männchen hat zusätzlich noch einen roten Fleck im Nacken. Im Frühling markiert er mit kurzen Trommelwirbeln auf morschem Holz sein Revier. Sonst hörst du meist nur ein kurzes „**Kicks-kicks**".

## Erstaunlich!

Die Schnabelhiebe auf das harte Holz haben beim Specht keine Kopfschmerzen zur Folge. Der Schädel ist besonders dick und robust. Außerdem ist der Schnabel federnd mit dem Schädel verbunden.

Er kommt in allen Wäldern und Parks vor. Mit seinem kräftigen Schnabel zimmert er seine Bruthöhle in den Baumstamm. Wenn er nicht gerade baut, hämmert er mit dem Schnabel Insektenlarven aus dem morschen Holz, öffnet damit Nüsse oder pult Samen aus Tannenzapfen. Im Winter kommt er auch an die Futterhäuschen.

**Der Buntspecht wird 23 bis 24 cm groß.**

**Der Buntspecht kommt ganzjährig vor.**

Feb | Mär | Apr | Mai | Jun | Jul | Aug | Sep | Okt | Nov | Dez

# Der Schwarzspecht

050

Der fast krähengroße Schwarzspecht ist leicht zu erkennen, denn außer den roten Scheitelfedern ist er komplett schwarz. Beim Weibchen ist nur der Hinterscheitel rot. Auge und Schnabel sind weißlich. Seine Flugrufe sind kilometerweit zu hören: „**Krrü-krrü-krrü-krrü …**“, nach der Landung oft ein lang gezogenes „**Kliööh**“. Auch seine kurzen Trommelwirbel sind sehr laut.

## Wichtig zu wissen!

Der Schwarzspecht ist ein wichtiger Höhlenbauer. Seine großen, geräumigen Höhlen finden sofort einen Nachmieter, wenn er ausgezogen ist. Über 50 verschiedene Tierarten wurden in alten Schwarzspechthöhlen gefunden, zum Beispiel Hohltauben, Dohlen, Raufußkäuze, Schellenten, Fledermäuse, Marder, Wespen und Hornissen.

Er brütet am liebsten in alten Buchen- oder Mischwäldern, kommt aber auch in anderen Wäldern vor, sogar in großen Parks. Die Höhle zimmert er am liebsten in große Buchen in 10 bis 20 m Höhe. Dort zieht er die zwei bis sechs Jungen groß. Er lebt größtenteils von Holzameisen, die er aus dem morschen Stamm klopft, dabei entstehen rechteckige Löcher im Holz. Im Winter hackt er die Nester der Waldameisen auf.

**Der Schwarzspecht wird 40 bis 46 cm groß.**

**Der Schwarzspecht kommt ganzjährig vor.**

Jan | Feb | Mär | Apr | Mai | Jun | Jul | Aug | Sep | Okt | Nov

# Die Nachtigall 051

Die Nachtigall gilt als einer der besten Sänger unserer Vogelwelt. Trotz des Namens kannst du ihrem lauten, melodischen Gesang auch morgens oder abends lauschen. Sie lebt im dichten Gebüsch, deshalb ist sie selten zu sehen. Das Gefieder ist sehr unscheinbar: Die Oberseite ist einfarbig rotbraun mit rostrotem Schwanz, die Unterseite ist weißlich mit bräunlicher Brust.

**Nachtigall im Gebüsch**

## Erstaunlich!

Obwohl sie die wenigsten je gesehen haben, ist die Nachtigall einer der bekanntesten Vögel. Ihr Gesang besteht aus mehreren „Strophen", bei denen Einzel- und Doppeltöne aneinandergereiht sind. Häufig werden gegen Ende Teile rhythmisch wiederholt. Dabei entsteht das sogenannte „Schlagen".

**singende Nachtigall**

Du findest sie in dichten Gebüschen von Parks, Waldrändern, Flussufern, Gräben und Auwäldern. Sie lebt gern in der Nähe von Gewässern und anderen feuchten Standorten, dort bleibt sie meist gut versteckt im Dickicht. Ihr Nest baut sie am Boden. Im Herbst zieht sie zum Überwintern ins südliche Afrika.

**Die Nachtigall wird 16 bis 17 cm groß.**

**Die Nachtigall kommt von April bis September vor.**

Feb | Mär | Apr | Mai | Jun | Jul | Aug | Sep | Okt | Nov | Dez

# Die Singdrossel 052

Die Singdrossel ist eine kleine, unauffällige Drossel. Mit ihrem braunen Rücken und der hellen Unterseite mit den schwarzen Tupfen ist sie prima getarnt. Ihr Gesang ist wunderschön und leicht zu erkennen, denn die Singdrossel wiederholt ihre kurzen Strophen immer zwei- bis dreimal.

## Wichtig zu wissen!

In den letzten 150 Jahren hat eine weitere Drossel unsere Parks, Friedhöfe und Wälder besiedelt: die lautstarke **Wacholderdrossel**. Aus Sibirien kommend, hat sie in kurzer Zeit fast ganz Europa erobert. Mit ihrem grauen Kopf und Bürzel, dem kastanienbraunen Rücken und Flügeln und der orangebraunen, gestrichelten Brust ist sie unsere bunteste und geselligste Drossel, die oft große Schwärme bildet.

**Wacholderdrossel**

**Die Singdrossel öffnet Schneckenhäuser an einem Stein („Drosselschmiede").**

In Wäldern, Parks und auf Friedhöfen brütet die Singdrossel regelmäßig. Sie sucht unauffällig an Waldrändern und Hecken nach Nahrung. Im Oktober fliegt sie zum Überwintern nach West- und Südeuropa und kommt im März wieder zurück.

**Die Singdrossel wird 20 bis 22 cm groß.**

**Die Singdrossel kommt von März bis Oktober vor.**

| Jan | Feb | Mär | Apr | Mai | Jun | Jul | Aug | Sep | Okt | Nov |
|---|---|---|---|---|---|---|---|---|---|---|

# Der Eichelhäher 053

Mit seinem „**Rähhh**"-Ruf warnt der Eichelhäher, wenn ein Feind oder Störenfried in sein Reich eindringt. Aber auch an seinem rosabraunen Gefieder mit dem schönen schwarz-blauen Flügelfeld kannst du ihn leicht erkennen. Im Flug fallen der schwarze Schwanz und der weiße Bürzel auf.

Der Eichelhäher kommt in Wäldern, Parks und auf Friedhöfen vor. Hauptsache, dort stehen genügend Eichen. Im Herbst frisst dieser Vogel besonders Eicheln, Bucheckern und Früchte. Im Sommer plündert er auch das ein oder andere Singvogelnest.

## Wichtig zu wissen!

Der Eichelhäher wird auch Polizist und Gärtner des Waldes genannt. Polizist, weil er jeden ungeliebten Eindringling entdeckt und mit seinen lauten Rufen verrät. Gärtner, weil er unfreiwillig Bäume pflanzt. Im Herbst vergräbt er nämlich wie das Eichhörnchen viele Eicheln und Nüsse als Wintervorrat. Da er aber nicht alle wiederfindet, können so neue Bäume wachsen.

**Der Eichelhäher wird 32 bis 35 cm groß.**

**Der Eichelhäher kommt ganzjährig vor.**

Jan | Feb | Mär | Apr | Mai | Jun | Jul | Aug | Sep | Okt | Nov | Dez

# Der Kuckuck 054

Der schlanke Vogel mit den spitzen, schmalen Flügeln und dem langen Schwanz sieht ein bisschen aus wie ein Falke. Kopf, Brust und die Oberseite sind grau, der Bauch ist dunkel quer gestreift. An der Stimme ist der Kuckuck am einfachsten zu erkennen, denn er ruft laut seinen Namen: **„Kuckuck-kuckuck!"**

## Erstaunlich!

Der Kuckuck baut kein eigenes Nest. Er beobachtet Nester anderer Singvögel. Im richtigen Moment klaut er ein Ei und legt sein eigenes hinein. Der Singvogel bemerkt das nicht, denn das Kuckucksei sieht den anderen Eiern sehr ähnlich. Das Junge schlüpft meist als erstes und wirft sofort die anderen Eier oder Jungen aus dem Nest. Nun wird es von seinen viel kleineren Adoptiveltern großgezogen. Meist wählt die Kuckucksmutter Rotkehlchen, Hausrotschwänze oder Rohrsänger als Adoptiveltern.

**Junger Kuckuck mit Adoptivmutter**

Ab Mitte April kannst du den Kuckuck vor allem an Waldrändern, in Heckenlandschaften und in Moorgebieten rufen hören. Im September macht er sich auf den langen Weg bis nach Zentralafrika.

**Der Kuckuck wird 32 bis 36 cm groß.**

**Der Kuckuck kommt von April bis September vor.**

Jan | Feb | Mär | Apr | Mai | Jun | Jul | Aug | Sep | Okt | Nov

# Der Sperber 055

Seinen Namen verdankt der Sperber seinem gestreiften Brustgefieder, was als „gesperbert" bezeichnet wird. Beim kleineren Männchen ist die Unterseite eher orange-braun, beim großen Weibchen weiß-braun gestreift. Außerdem hat das Männchen einen grauen Rücken, das Weibchen einen braunen. Im Vergleich zu Falken sind die Flügel viel breiter und der Schwanz ist länger. So kann er rasant scharfe Kurven fliegen.

Männchen

## Schau genau!

Der Größenunterschied von Männchen und Weibchen ist beim Sperber gewaltig. Wenn du sie zusammen siehst, glaubst du kaum, dass sie zusammengehören. Das Weibchen ist fast ein Drittel größer und knapp doppelt so schwer wie das Männchen. So fängt das Männchen vor allem kleinere Singvögel, während das Weibchen auch Beute bis zur Taubengröße fangen kann.

**Weibchen**

Der Sperber mag abwechslungsreiche Gebiete mit Wäldern, Hecken und Gebüschen. So ist er auch in Parks anzutreffen. Vor allem im Winter kommt er in Städte und Dörfer, denn als reiner Vogelfänger hofft er auf Beute an den Futterstellen.

**Der Sperber wird 29 bis 41 cm groß.**

**Der Sperber kommt ganzjährig vor.**

Feb | Mär | Apr | Mai | Jun | Jul | Aug | Sep | Okt | Nov | Dez

# Die Waldohreule

056

An ihren „Federohren", die sie bei Erregung aufrichtet, kannst du die schlanke Waldohreule gut erkennen. Sie hat ein braun geschecktes, baumrindenartiges Gefieder, mit dem sie tagsüber bestens getarnt ist. Im Frühling hörst du nachts im Wald oder Park ihre gedämpften „**Uh-uh**"-Rufe. Die „Federohren" sind übrigens nur Federbüschel!

## Wichtig zu wissen!

Eulen verfügen über fantastische Sinnesleistungen. Mit ihren großen, starren Augen können sie nachts drei- bis zehnmal so gut sehen wie ein Mensch. Die Ohren sind so gut, dass sie nicht nur das leiseste Rascheln einer Maus hören, sondern auch genau wissen, wo sie sitzt. Beim Jagen helfen ihnen auch die winzigen Härchen auf ihrem Gefieder, die einen lautlosen Flug ermöglichen.

Sie nistet an Waldrändern, in Feldgehölzen, Parks oder auf Friedhöfen. Meist brütet sie in verlassenen Krähen- oder Elsternestern. Im Winter kommen viele Waldohreulen in die Städte. Sie übernachten gern zu mehreren im gleichen Nadelbaum.

Jungvogel (= Ästling)

Die Waldohreule wird 31 bis 37 cm groß.

Die Waldohreule kommt ganzjährig vor.

Jan | Feb | Mär | Apr | Mai | Jun | Jul | Aug | Sep | Okt | Nov

# Der Waldkauz

057

Tagsüber sitzt der Waldkauz gut versteckt in einer Baumhöhle. Durch sein braun gestreiftes, rindenfarbiges Gefieder ist er bestens getarnt. Er hat einen großen runden Kopf, mit großen schwarzen Augen. Wenn es in Filmen besonders gruselig werden soll, hört man im Hintergrund oft die Stimme des Waldkauzes, der dumpf „**huuh hu-huhuu**" durch die Nacht ruft. Im Wald hörst du diesen Ruf besonders im Frühling und Herbst. Das Weibchen ruft kurz „**kuitt**".

## Erstaunlich!

Eulen besitzen im Gegensatz zu allen anderen Wirbeltieren nicht 7, sondern 14 Halswirbel. So haben sie einen besonders beweglichen Hals, den sie weit über den Rücken drehen können. Das müssen sie auch, denn ihre Augen können nicht nach rechts oder links schauen, sondern sitzen starr in den Augenhöhlen.

Der Waldkauz kommt in Wäldern, Parks und Feldgehölzen vor. Er sucht alte, höhlenreiche Bäume, um darin zu brüten. Manchmal zieht er auch in alte Schornsteine ein und sitzt dann abends auf dem Hausdach. Die Jungen verlassen schon sehr früh das Nest und klettern als Ästlinge in den Bäumen herum, bis sie richtig fliegen können.

**Der Waldkauz wird 37 bis 42 cm groß.**

**Der Waldkauz kommt ganzjährig vor.**

Feb | Mär | Apr | Mai | Jun | Jul | Aug | Sep | Okt | Nov | Dez

# Die wilden Veilchen

Es gibt mehrere Veilchen-Arten, die einander sehr ähnlich sind. Ihre Blüten sind „veilchenblau“ und haben zwei nach oben und drei nach unten gerichtete Blütenblätter. Während das März-Veilchen angenehm duftet, haben die anderen keinen Geruch.

Das Wald-Veilchen wächst in Laubwäldern, das März-Veilchen meistens in Hecken.

## Erstaunlich!

Der Nektar des Wald-Veilchens befindet sich im Sporn. Nur die Insekten, die einen langen Saugrüssel haben, können davon trinken. Damit die Blütenbesucher die süße Kost leichter finden, zeigen ihnen feine dunkle Linien auf der Innenseite der Blüten den Weg.

Die wilden Veilchen werden 5 bis 20 cm hoch.

Die wilden Veilchen blühen von März bis Mai.

Jan | Feb | Mär | Apr | Mai | Jun | Jul | Aug | Sep | Okt | Nov

# Das Busch-Windröschen

Wenn der Winter vorbei ist und die Wälder noch kahl sind, öffnen sich die weißen Blütensterne der Busch-Windröschen. Oft bilden sie dann am Waldboden ein großes Blütenmeer, das sich leicht im Frühlingswind wiegt. Achte mal auf die grünen Blätter: Sie wachsen immer zu dritt an einer Stelle des Stängels.

Du findest das Busch-Windröschen, das man auch Anemone nennt, in Laubwäldern, Gebüschen, aber auch auf Wiesen in den Bergen.

## Finger weg!

Wie viele früh blühende Blumen ist auch das Busch-Windröschen giftig. So schützt es sich im noch blattlosen Wald vor hungrigen Mäulern. Auch du solltest die Pflanze daher nicht pflücken. Übrigens: Das Blümchen besitzt eine eigene Vorratskammer mit eingelagerten Nährstoffen, den unterirdischen „Wurzelstock".

**Das Busch-Windröschen wird 5 bis 25 cm hoch.**

**Das Busch-Windröschen blüht von März bis Mai.**

| Feb | Mär | Apr | Mai | Jun | Jul | Aug | Sep | Okt | Nov | Dez |
|---|---|---|---|---|---|---|---|---|---|---|

# Die Wald-Erdbeere

Die Wald-Erdbeere ist die „wilde" Verwandte der Garten-Erdbeere. Ihre Früchte sind viel kleiner, schmecken aber sehr lecker! Die Blüte besteht aus fünf weißen Blütenblättern. Die grünen Teilblätter sitzen immer zu dritt an einem Stängel.

## Mach mit!

Es macht Spaß, Wald-Erdbeeren zu sammeln. Sie gehören zu den leckersten Wildfrüchten, weil sie viel Zucker enthalten. Nachdem du sie gründlich gewaschen hast, kannst du Eis und Süßspeisen damit verzieren und sie natürlich auch pur essen.

Meistens findest du die Wald-Erdbeere auf Lichtungen in Laubwäldern und an Waldrändern. Die Böschungen an Waldwegen sind ebenfalls gute Fundorte.

**Die Wald-Erdbeere wird 5 bis 20 cm hoch.**

**Die Wald-Erdbeere blüht von Mai bis Juni.**

Jan | Feb | Mär | Apr | **Mai** | **Jun** | Jul | Aug | Sep | Okt | Nov

# Der Sauerklee

An seinen fünf weißen, zarten Blütenblättern kannst du den Sauerklee erkennen. Wenn du ganz genau hinsiehst, entdeckst du auf ihnen sehr zarte rötliche Adern. Seine grünen Blätter erinnern zwar an die Blätter des Weiß-Klees, aber diese beiden Pflanzen sind nicht miteinander verwandt.

Den Sauerklee findest du meistens in größeren Gruppen in Laub- und Nadelwäldern. Er mag es gern schattig und feucht.

## Erstaunlich!

Der Sauerklee kommt mit ganz wenig Licht aus. Nur im Schatten fühlt er sich wohl und breitet seine Blätter aus. Bei zu viel Licht klappt er seine Blättchen nach unten zusammen. Dadurch geben die Blätter weniger Wasser ab.

**Der Sauerklee wird 5 bis 15 cm hoch.**

**Der Sauerklee blüht von April bis Mai.**

Feb | Mär | Apr | Mai | Jun | Jul | Aug | Sep | Okt | Nov | Dez

# Der Waldmeister

An den unverzweigten Stielen des Waldmeisters bilden jeweils sechs bis acht schmale Blätter einen Kreis. Die winzigen Blüten an der Spitze des Stiels haben vier Blütenblättchen. Sie sehen aus wie ein weißes Kreuzchen.

## Mach mit!

Mit frischen Waldmeisterpflanzen kannst du eine leckere Bowle zubereiten: Pflücke dazu drei Stängel Waldmeister, bevor sie blühen und lasse diese einen ganzen Tag lang welken. Hänge dann die gewaschenen Stängel in ein Bowlegefäß. In das Gefäß schüttest du einen Liter Apfelsaft und gibst 150 g Zucker oder Honig hinzu. Das Ganze sollte 30 Minuten im Kühlschrank ziehen. Dann entfernst du die Stängel und gießt einen Liter Mineralwasser dazu, fertig!

**Ein Kreis besteht aus sechs bis acht Blättchen.**

Waldmeister findest du meistens in Laubwäldern, vor allem unter Buchen auf kalkreichem Boden. Die Pflanzen bedecken den Waldboden wie ein großer grüner Teppich.

**Der Waldmeister wird 5 bis 25 cm hoch.**

**Der Waldmeister blüht von April bis Mai.**

Jan | Feb | Mär | Apr | Mai | Jun | Jul | Aug | Sep | Okt | Nov | D

# Der Bär-Lauch

Bär-Lauch verströmt einen sehr kräftigen Knoblauchgeruch – vor allem, wenn hunderte von Bär-Lauch-Pflanzen den Waldboden überziehen. Die einzelnen Blüten sehen aus wie kleine Sterne mit sechs weißen Strahlen. 10 bis 25 einzelne Blüten bilden einen Blütenstand. Aber Achtung: **Verwechslungsgefahr mit dem Maiglöckchen!**

## Mach mit!

Die Blätter des Bär-Lauchs kann man essen, aber nur, wenn die Pflanze noch nicht geblüht hat. Bär-Lauch-Blätter kann man gut in Suppen, Salaten oder Quark verarbeiten. Sie schmecken ähnlich wie Küchenzwiebeln oder Knoblauch, sind aber nicht ganz so scharf.

Die Pflanze wächst in vielen Laubwäldern. Sie steht dort meistens an etwas schattigen und feuchten Stellen.

**Der Bär-Lauch wird 15 bis 50 cm hoch.**

**Der Bär-Lauch blüht von April bis Juni.**

n | Feb | Mär | Apr | Mai | Jun | Jul | Aug | Sep | Okt | Nov | Dez

# Der Aronstab

Den giftigen Aronstab erkennst du an seiner auffälligen Gestalt: ein einzelnes großes, hellgrünes Blatt, das an eine Tüte erinnert, und ein braunroter Kolben, der daraus hervorschaut. Wenn der Aronstab Früchte trägt, sieht er jedoch völlig anders aus. Dann bleibt nur noch ein dicker grüner Stängel, an dessen Spitze giftige rote Beeren sitzen.

**Die giftigen roten Beeren erscheinen im Spätsommer.**

## Finger weg!

Der Aronstab ist sehr giftig, vor allem seine roten Beeren! Also Finger weg! – Wusstest du übrigens, dass die Pflanze einen Trick benutzt, um ihren Blütenstaub zu verteilen? Kleine Insekten, die durch den Geruch des Kolbens angelockt werden, rutschen an dem großen Blatt herunter. Sie landen im pollenreichen Kessel. Heraus können die Tiere erst wieder, wenn der Aronstab verwelkt ist.

Du findest den Aronstab vor allem in Laubwäldern und Gebüschen. Er ist selten und daher geschützt.

**Der Aronstab wird 10 bis 40 cm hoch.**

**Der Aronstab blüht von April bis Juni.**

Jan | Feb | Mär | Apr | Mai | Jun | Jul | Aug | Sep | Okt | Nov | D

# Das Scharbockskraut

Das Scharbockskraut erkennst du an seinen dottergelben Blüten. Gemeinsam mit dem Busch-Windröschen gehört es zu den ersten Frühlingsblumen im Wald. Die Blüten des Scharbockskrauts sehen aus wie Sternchen mit sechs bis zwölf Blütenblättern.

## Finger weg!

Das frische Kraut enthält reichlich Vitamin C, allerdings auch andere, ungenießbare Stoffe. Deshalb darfst du die Pflanze auf keinen Fall essen. Das Scharbockskraut bringt übrigens nur selten Samen hervor. Für seine starke Vermehrung sorgen vielmehr unterirdische Knollen und die sogenannten Brutknöllchen in den Achseln der Laubblätter.

Es wächst vor allem in Laubwäldern. Du kannst das Scharbockskraut aber auch in Gärten und auf leicht beschatteten Wiesen finden.

**Das Scharbockskraut wird 5 bis 15 cm hoch.**

**Das Scharbockskraut blüht von März bis Mai.**

Feb | Mär | Apr | Mai | Jun | Jul | Aug | Sep | Okt | Nov | Dez

# Das Drüsige Springkraut

Die stattliche, duftende Pflanze mit ihren blassroten Blüten ist so schön wie eine Orchidee. Im Gegensatz zu Orchideen kann man das Drüsige Springkraut leicht im Garten vermehren. Das brachte ihr den Namen „Bauernorchidee" ein. Ursprünglich stammt sie aus Indien und wurde als Zierpflanze nach Europa gebracht.

**Mach mit!**

Die Pflanzen verfügen über einen Schleudermechanismus, den du auch von Hand auslösen kannst. Pflücke vorsichtig einige möglichst große und reife Samenkapseln, ohne dass sie gleich explodieren. Löse den Schleudermechanismus durch leichten Druck auf die Kapsel auf dem nächsten Weg aus. Dann miss die Strecke, die die Samen zurückgelegt haben!

**Die Samen werden herausgeschleudert.**

Inzwischen hat sich das Drüsige Springkraut ausgebreitet. Vor allem auf feuchtem Boden in Ufernähe wächst die Pflanze oft massenhaft wild und verdrängt zum Teil heimische Arten.

**Das Drüsige Springkraut wird 50 bis 200 cm hoch.**

**Das Drüsige Springkraut blüht von Juni bis Oktober.**

Jan Feb Mär Apr Mai Jun Jul Aug Sep Okt Nov

# Das Wald-Weidenröschen

Die Blätter des Wald-Weidenröschens ähneln Weidenblättern. Die weinroten Blüten hingegen sehen tatsächlich wie Röschen aus. Über 100 einzelne Blüten schmücken jede Stängelspitze. Die Pflanzen bilden oft ein einziges Blütenmeer. Sind die Blüten verwelkt, wachsen an den Stellen längliche Kapseln.

## Erstaunlich!

Das Wald-Weidenröschen kann sich sehr schnell ausbreiten, wenn es irgendwo eine freie, sonnige Stelle findet. In den rötlichen Kapseln der Pflanze reifen viele tausend Samen heran. Jedes Samenkorn hat einen Haarschopf und kann vom Wind kilometerweit weggetragen werden.

Das Wald-Weidenröschen ist ursprünglich an lichten Stellen im Wald zu Hause. Du kannst seine Blüten aber auch in der Stadt auf Grundstücken leuchten sehen, die gerade nicht genutzt werden.

**Zunächst ist die Samenkapsel geschlossen (links). Wenn die Samen reif sind, öffnet sie sich (rechts).**

**Das Wald-Weidenröschen wird 50 bis 180 cm hoch.**

**Das Wald-Weidenröschen blüht von Juni bis August.**

Feb | Mär | Apr | Mai | Jun | Jul | Aug | Sep | Okt | Nov | Dez

# Die Hohe Schlüsselblume

Die hellgelben Blüten der Hohen Schlüsselblume sehen aus wie Tellerchen an langen Stielen. Sie duften nicht. Die grünen Blätter entspringen direkt am Boden.

Du findest die geschützte Art in feuchten Laubwäldern und am Rand von Gräben und Bächen.

## Wichtig zu wissen!

Im Gegensatz zur Hohen Schlüsselblume sind die Blüten der **Echten Schlüsselblume** dottergelb, außerdem duften sie angenehm. Schlüsselblumen werden auch „Primeln" genannt, weil sie zu den ersten Blumen gehören, die nach dem Winter blühen. „Primus" ist nämlich Lateinisch und heißt „der Erste".

Echte Schlüsselblume

Die Hohe Schlüsselblume wird 10 bis 30 cm hoch.

Die Hohe Schlüsselblume blüht von März bis Mai.

Jan | Feb | Mär | Apr | Mai | Jun | Jul | Aug | Sep | Okt | Nov

# Der Rote Fingerhut

Seinen Namen verdankt der Rote Fingerhut der Form seiner Blüte. Viele purpurrote Blüten sitzen am oberen Ende des Stängels, immer mit der Öffnung nach unten. Im Inneren der Blüten siehst du rotviolette Flecken mit einem weißen Rand. Das sind die sogenannten **Saftmale**. Wie Verkehrsschilder zeigen sie den Insekten den Weg zum Nektar.

**Hummeln sind gern gesehene Blütenbesucher des Fingerhuts.**

## Finger weg!

Die Pflanze ist sehr giftig! Sie enthält Stoffe, die bewirken können, dass das Herz eines Menschen aufhört zu schlagen. Doch Forscher und Ärzte haben herausgefunden, dass diese Stoffe bei Menschen mit Herzschwäche auch sehr gut helfen können. Die Medikamente enthalten die Stoffe aber nur in äußerst geringen Mengen.

Den Roten Fingerhut findest du vor allem in den Mittelgebirgen. Er wächst auf Waldlichtungen von Laub- und Nadelwäldern.

**Der Rote Fingerhut wird 30 bis 150 cm hoch.**

**Der Rote Fingerhut blüht von Juni bis August.**

Feb | Mär | Apr | Mai | Jun | Jul | Aug | Sep | Okt | Nov | Dez

# Die Frühlingsplatterbse

Die Frühlingsplatterbse ist ein Schmetterlingsblütler. Das oberste Blütenblatt ist leicht nach oben gebogen und wird „Fahne" genannt. Die beiden unteren sind zum „Schiffchen" zusammengewachsen und die beiden äußeren bilden die „Flügel" und umhüllen das Schiffchen. Die Blätter stehen sich in drei bis vier Paaren gegenüber. Die Frucht ist eine ca. 6 cm lange Bohnen-schote.

## Schau genau!

Wenn du dir die Blüten genauer anschaust, dann erkennst du unterschiedliche Farben. Denn je nach Alter der Blüte wechseln sie. Erst ist die Blüte purpurrot, dann wird sie bläulich und zum Schluss blauviolett oder grünlich beige.

**An dieser Pflanze kannst du frische Blüten, gereifte und alte Blüten erkennen. Weißt du noch, welche Blüten welche Farbe haben?**

In sonnigen Laubwäldern wächst die Frühlings-platterbse auf kalk-haltigen, lehmigen Böden. In den Mittelgebirgen kannst du sie häufig finden, im Tiefland eher selten. Ihre Wurzeln reichen bis in 1 m Tiefe, sodass sie auch in trockeneren Wäldern vorkommen kann.

**Die Frühlingsplatterbse wird 20 bis 40 cm hoch.**

**Die Frühlingsplatterbse blüht von April bis Juni.**

Jan | Feb | Mär | Apr | Mai | Jun | Jul | Aug | Sep | Okt | Nov

# Das Leberblümchen

Diese Pflanze erkennst du an ihren sternförmigen blauen Blüten. Die dunkelgrünen Blätter sind sehr fest und fühlen sich fast so an wie Leder. Das Leberblümchen behält auch den Winter über seine Blätter, die sich dann allerdings oft bräunlich verfärben.

**Das Leberblümchen ist wunderschön und streng geschützt.**

## Finger weg!

Kaum zu glauben, aber auch das kleine Leberblümchen ist giftig. Also Finger weg! Schau mal – die Form seiner Blätter erinnert ein wenig an die Gestalt der menschlichen Leber. So kam diese Blume zu ihrem Namen.

Das Leberblümchen findest du in Laubwäldern. Doch du musst genau hinschauen: Zwischen dem braunen Laub ist es leicht zu übersehen.

**Das Leberblümchen wird 5 bis 15 cm hoch.**

**Das Leberblümchen blüht von März bis Mai.**

Feb | Mär | Apr | Mai | Jun | Jul | Aug | Sep | Okt | Nov | Dez

# Das Lungenkraut

Du findest auf einem Blütenstängel des Lungenkrauts nebeneinander sowohl hellrosa als auch blauviolette Blüten. Die grünen Laubblätter sind rau behaart und manchmal hell getupft.

## Erstaunlich!

Die verschiedenfarbigen Blüten erleichtern Insekten die Suche nach Nektar: Die helleren, rosafarbenen Blüten sind gerade erst aufgeblüht. Hier findet eine durstige Hummel bestimmt noch viel Nektar. Die dunkleren, violetten Blüten dagegen sind schon länger geöffnet. Hier gibt es wahrscheinlich kaum noch Nektar, weil schon viele hungrige Insekten ihren Appetit daran gestillt haben.

**Die rosa Blüten sind die jüngeren.**

Das Lungenkraut wächst zusammen mit anderen früh blühenden Pflanzen in Buchen- und Eichenwäldern.

**Das Lungenkraut wird 10 bis 30 cm hoch.**

**Das Lungenkraut blüht von März bis Mai.**

Jan | Feb | Mär | Apr | Mai | Jun | Jul | Aug | Sep | Okt | Nov

# Das Maiglöckchen

Lange bevor das Maiglöckchen blüht, kannst du es an den zwei großen Blättern erkennen, es ähnelt dann dem Bär-Lauch. Die Blüten sind an einem blattlosen Stiel aufgereiht und sehen aus wie kleine Glocken.
Sie duften sehr angenehm. Doch Vorsicht, alle Teile des Maiglöckchens sind giftig!

## Finger weg!

Im Sommer treten an die Stelle der Blüten kleine rote Beeren. Sie sind recht auffällig und verlockend schön. Aber Finger weg! Auf keinen Fall probieren! Die Beeren sind giftig und für den Menschen gefährlich. Lasse sie den Vögeln, denen das Gift nichts ausmacht.

Maiglöckchen gibt es in fast allen Laubwäldern, seltener jedoch in Nadelwäldern.

**Das Maiglöckchen wird 10 bis 25 cm hoch.**

**Das Maiglöckchen blüht von Mai bis Juni.**

Feb | Mär | Apr | Mai | Jun | Jul | Aug | Sep | Okt | Nov | Dez

# Die Himbeere

Die beliebten Himbeeren sind Halbsträucher mit langen, aufrecht stehenden Ruten (Triebe), die Stacheln tragen. Die Unterseite der gefiederten Blätter ist filzig weiß, die weißen Blüten entwickeln sich zu den kegelförmigen oder länglichen Himbeeren. Himbeeren sind Sammelfrüchte. Nach dem Abpflücken bleibt ein weißer Kegel an der Pflanze zurück.

## Wichtig zu wissen!

Auch die Brombeere ist eine heimische Beerenobstpflanze. In der freien Natur bildet sie dichte, undurchdringliche Hecken aus stacheligen Trieben, in denen Vögel Schutz und reichlich Nahrung finden. Im Garten werden meist stachellose Sorten angebaut, die vor allem aus Amerika stammen. Himbeeren und Brombeeren kannst du vom Strauch naschen.

Himbeeren sind in unseren Wäldern heimisch.
Sie werden seit dem 16. Jahrhundert in Gärten angebaut und mögen sonnige Plätze.

**Die Himbeere wird bis zu 2,5 m hoch.**

**Die Früchte sind je nach Sorte zwischen Juni und Oktober reif.**

Jan | Feb | Mär | Apr | Mai | Jun | Jul | Aug | Sep | Okt | Nov

# Die Johannisbeere

Rot, weiß oder schwarz sind die säuerlichen Johannisbeeren, die in Trauben an den Sträuchern hängen. Sie entwickeln sich aus den gelblich grünen Blüten. Dieses Beerenobst hat seinen Namen bekommen, weil die Früchte um den Johannistag (24. Juni) reif werden.

Die Rote und Weiße Johannisbeere stammt von der heimischen Wald-Johannisbeere ab, die in feuchten Auenwäldern wächst. Die Schwarze Johannisbeere hingegen kommt aus Eurasien. Johannisbeeren mögen einen lockeren, humusreichen Boden.

**Blütenrest bei Schwarzen Johannisbeeren**

## Schau genau!

Johannisbeeren sind näher mit Stachelbeeren verwandt. Das kannst du auch an den Früchten erkennen, denn beide tragen kleine vertrocknete Anhängsel. Das sind die Reste der Blüte, aus der sich die Beere entwickelt hat.

**Blütenrest bei Stachelbeeren**

**Die Johannisbeere wird bis zu 2 m hoch.**

**Die Früchte sind je nach Sorte zwischen Juni und Juli reif.**

Feb | Mär | Apr | Mai | Jun | Jul | Aug | Sep | Okt | Nov | Dez

# Die Tollkirsche

Die Blüten der Tollkirsche sind grün-violett und hängen wie Glöckchen herab. Doch viel auffälliger sind die glänzenden schwarzen Beeren. Diese Pflanze solltest du unbedingt kennen. Sie ist die giftigste unserer heimischen Pflanzen. Alles an ihr ist giftig, daher solltest du sie auf gar keinen Fall anfassen!

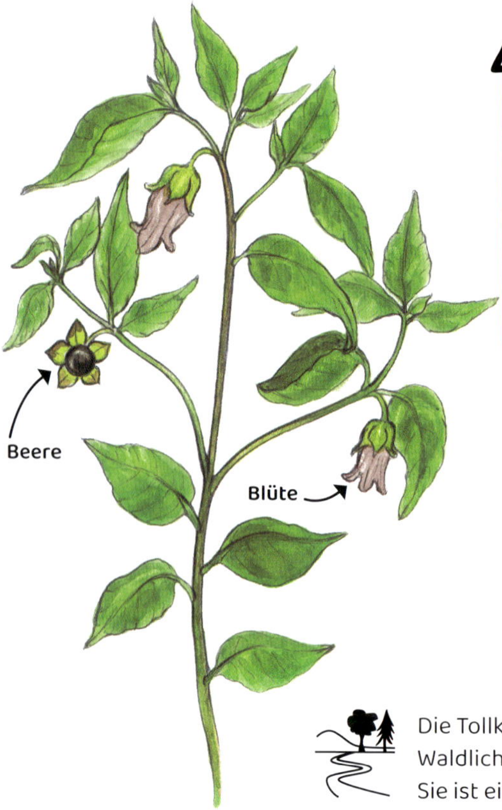


## Finger weg!

Die Beeren der Tollkirsche sind besonders heimtückisch, denn sie sehen so verlockend aus und schmecken nicht mal unangenehm. Doch du darfst sie auf gar keinen Fall probieren! Schon wenige Beeren haben eine tödliche Wirkung! Nur der Notarzt kann vielleicht noch helfen.

**Sehr giftige Beeren**

Die Tollkirsche wächst vor allem auf Waldlichtungen und an Waldrändern. Sie ist eine geschützte Art.

**Die Tollkirsche wird 50 bis 150 cm hoch.**

**Die Tollkirsche blüht von Juni bis August.**

Jan | Feb | Mär | Apr | Mai | Jun | Jul | Aug | Sep | Okt | Nov

# Die Rot-Buche

Die eiförmigen Blätter mit dem welligen Rand sind im Frühjahr leicht behaart, später glatt und glänzend. Eine graue, glatte und glänzende Rinde umgibt den Stamm. Die dreikantigen Früchte, die Bucheckern, kennt fast jeder. Die Bucheckern schmecken leicht nussig und werden auch von vielen Tieren (zum Beispiel von Mäusen, Eichhörnchen oder Bergfinken) gefressen. Zu viele solltest du aber nicht davon essen, da sie ein leichtes Gift enthalten.

## Erstaunlich!

Buchen sind enorme Sauerstoffproduzenten. Ungefähr 200 000 Blätter hängen an einem Baum. An einem sonnigen Tag produzieren sie den Sauerstoff für ca. 50 Menschen. Dafür braucht die Buche etwa 400 Liter Wasser, die über die Blätter verdunsten.

**Bucheckern mit stacheliger Fruchthülse**

Die Rot-Buche ist der häufigste Laubbaum in unseren Wäldern. Du findest sie überall, vom Flachland bis in die Berge.

**Die Rot-Buche wird bis zu 40 m groß.**

**Die Rot-Buche blüht von April bis Mai.**

Feb | Mär | **Apr** | **Mai** | Jun | Jul | Aug | Sep | Okt | Nov | Dez

# Der Faulbaum

Der kleine Baum oder Strauch hat breite, eiförmige Blätter mit einer meist stumpfen Spitze. Seinen Namen verdankt der Faulbaum der unangenehm riechenden Rinde. Eher unscheinbar sind die kleinen grünlich weißen, glockenförmigen Blüten, eine wichtige Nahrungsquelle für Wild- und Honigbienen. Manchmal blühen diese noch, während der Baum schon seine reifen und unreifen Früchte trägt. Diese wurden früher zum Färben von Stoffen benutzt. Sie ergeben einen gelben Farbton.

## Wichtig zu wissen!

Der Faulbaum wird auch Pulverholz genannt. Früher war das Holz sehr begehrt, da die Holzkohle des Faulbaums für die Herstellung von Schießpulver gebraucht wurde.

**Mit dem Schießpulver wurden Kanonen abgefeuert.**

Den Faulbaum findet man häufig an Waldrändern, in Hecken und in Auwäldern. Er mag feuchte, nährstoffarme Böden.

**Der Faulbaum wird bis zu 7 m groß.**

**Der Faulbaum blüht von April bis August.**

Jan | Feb | Mär | **Apr** | **Mai** | **Jun** | **Jul** | **Aug** | Sep | Okt | Nov

# Der Blutrote Hartriegel

Seinen Namen verdankt der Blutrote Hartriegel der Herbstfärbung seiner Blätter und den roten Zweigen der jungen Triebe, die besonders im Winter auffallen. Die Blätter ähneln denen der Kornel-Kirsche, haben aber einen welligen Blattrand. Ab Mai schmücken die stark riechenden weißen Blüten den Strauch.

## Wichtig zu wissen!

Im Gegensatz zu den leicht giftigen Blättern und der giftigen Rinde sind die reifen, etwa erbsengroßen schwarzen Früchte essbar. Sie schmecken aber bitter, du solltest sie lieber den Vögeln überlassen.

Der Blutrote Hartriegel ist häufig und weitverbreitet. Du findest ihn leicht an Waldrändern und in Hecken, Gebüschen und lichten Wäldern.

**Der Blutrote Hartriegel wird 2 bis 5 m groß.**

**Der Blutrote Hartriegel blüht von Mai bis Juni.**

Feb | Mär | Apr | Mai | Jun | Jul | Aug | Sep | Okt | Nov | Dez

# Die Vogel-Kirsche

## wird auch Süß-Kirsche genannt

Die roten leckeren Süßkirschen sind unverwechselbar. Ihre Wildform, die Vogel-Kirsche, hat dagegen kleine, etwas bittere Früchte. Die weißen, fünfblättrigen Blüten und die eiförmigen, länglichen Blätter sehen bei beiden Formen gleich aus. Die Blüten treiben vor den Blättern aus. Die Rinde ist rotbraun glänzend und lässt sich in waagerechten Streifen ablösen.

Die Vogel-Kirsche wächst an Waldrändern, in Feldgehölzen und lockeren Laubwäldern. In Gärten und auf Obstwiesen findest du die Süß-Kirsche.

### Mach mit!

Kirschkerne kannst du nicht nur mit deinen Freunden um die Wette spucken, du kannst sie auch sammeln, schön sauber kochen und in einem kleinen Säckchen als wärmendes Kirschkernkissen benutzen. Oder du legst sie im Winter für den Kernbeißer ins Futterhäuschen.

**Kernbeißer**

**Die Vogel-Kirsche wird bis zu 25 m groß.**

**Die Vogel-Kirsche blüht von April bis Mai.**

Jan | Feb | Mär | Apr | Mai | Jun | Jul | Aug | Sep | Okt | Nov

# Die Berg-Ulme

Ulmenblätter erkennst du leicht an dem ungleichen Blattgrund. Die großen, ovalen Blätter der Berg-Ulme sind vorne am breitesten und haben oft drei Spitzen. Die Blattoberseite fühlt sich ganz rau an. Die unauffälligen Blüten erscheinen im Frühling schon lange vor den Blättern. Die Samen sind ringsherum geflügelt und sehen aus wie eine Scheibe. So können sie vom Wind weit getragen werden.

Samen

## Wichtig zu wissen!

Vor etwa 100 Jahren wurde aus Asien mit einer Holzlieferung ein gefährlicher Pilz durch den Ulmensplintkäfer eingeschleppt. Dieser Pilz breitete sich rasant aus und brachte die heimischen Ulmen zum Absterben. Besonders die Berg-Ulme wurde stark befallen und ist heute sehr selten geworden. Nur wenige Bäume haben sich gegen den Pilz durchsetzen können.

Wie der Name schon sagt, kommt die Berg-Ulme vor allem in den Mittelgebirgen vor. Dort steht sie in schattigen Hangwäldern. Im Flachland findet man sie nur selten, hier vor allem als Parkbaum.

**Die Berg-Ulme wird bis zu 40 m groß.**

**Die Berg-Ulme blüht von Februar bis April.**

| Feb | Mär | Apr | Mai | Jun | Jul | Aug | Sep | Okt | Nov | Dez |
|---|---|---|---|---|---|---|---|---|---|---|

# Die Hainbuche

Die Blätter der Hainbuche sind eiförmig und vorne zugespitzt. An den Blattnerven ist das Blatt leicht gefaltet, wie bei einer Wellpappe. Im Herbst fallen die braunen Blätter nicht ab, sondern bleiben bis in den Winter am Baum hängen. Die männlichen und weiblichen Blütenkätzchen fallen im Frühjahr kaum auf. Dagegen sind die herunterhängenden Fruchtstände leicht zu erkennen.

## Wichtig zu wissen!

Das helle Holz der Hainbuche ist nach dem vom Speierling das härteste und schwerste Holz. Trotzdem ist es noch recht biegsam. Wegen dieser besonderen Eigenschaften wird das Holz oft für Werkzeugstiele, Dreschflegel, Hobel, Holzhämmer und hölzerne Maschinenteile benutzt.

Die Hainbuche ist ein recht häufiger Baum in unseren Laubwäldern. Auch in Parks und Gärten kommt sie zahlreich vor, und da sie sich gut beschneiden lässt, wird sie oft als Gartenhecke angepflanzt.

**Die Hainbuche wird 25 bis 30 m groß.**

**Die Hainbuche blüht von April bis Mai.**

Jan | Feb | Mär | Apr | Mai | Jun | Jul | Aug | Sep | Okt | Nov

# Der Berg-Ahorn

Die großen fünflappigen Blätter sind am Blattrand etwas gesägt und haben nur kurze Spitzen. Die traubenartigen Blütenstände wachsen, sobald die Blätter ausschlagen. Erst im November oder Dezember fallen die stark gewinkelten Flügelfrüchte ab.

## Mach mit!

Mit Blättern kannst du prima basteln. Als Erstes brauchst du ein paar bunte Blätter, die du dir im Wald, Garten oder Park suchst. Aus diesen Blättern kannst du fantasievolle Collagen auf Papier kleben. Oder du machst einen Blätterdruck. Dafür malst du die eine Blattoberseite mit Wasser- oder Fingerfarben an und drückst sie aufs Papier. Sehr hübsch sieht auch die Spritztechnik mit der Zahnbürste aus. Hierbei spritzt du mit der Zahnbürste Farbe über das Laubblatt. Zurück bleibt ein schöner Umriss. So kannst du dein eigenes Briefpapier gestalten.

Wie der Name schon sagt, wächst der Berg-Ahorn vor allem in den Mittelgebirgen und in den Alpen fast bis zur Baumgrenze. Er mag kühle und feuchte Luft. Du findest ihn aber auch in normalen Laubwäldern, als Alleebaum oder in Parks.

**Der Berg-Ahorn wird 20 bis 30 m groß.**

**Der Berg-Ahorn blüht von April bis Mai.**

| Feb | Mär | Apr | Mai | Jun | Jul | Aug | Sep | Okt | Nov | Dez |
|---|---|---|---|---|---|---|---|---|---|---|

# Der Spitz-Ahorn

Der Spitz-Ahorn hat große, handförmig gelappte Blätter. Die Blattenden sind lang und spitz. Wenn du den Blattstiel anschneidest, tritt Milchsaft aus. Im Frühjahr erscheinen die gelblich grünen Blüten vor den Blättern. Die schwach gewinkelten Flügelfrüchte fallen häufig erst nach den Blättern ab.

**Spielen im Herbstlaub – das macht Spaß!**

## Wichtig zu wissen!

Werden im Herbst die Tage kürzer und die Nächte kälter, bereiten sich die Bäume auf den Winter vor. Sie ziehen alle wichtigen Nährstoffe aus den Blättern heraus und lagern sie in den Wurzeln, im Stamm und in den Knospen ein. Zurück bleiben die roten und gelben Blattfarbstoffe. Besonders das Laub der Ahornbäume ist dann sehr farbenprächtig.

Der Spitz-Ahorn kommt in leicht feuchten und nährstoffreichen Wäldern vor. In Gärten und Parks wird er auch wegen seiner tollen Laubfärbung angepflanzt.

**Der Spitz-Ahorn wird 15 bis 30 m groß.**

**Der Spitz-Ahorn blüht von April bis Mai.**

| Jan | Feb | Mär | Apr | Mai | Jun | Jul | Aug | Sep | Okt | Nov |
|---|---|---|---|---|---|---|---|---|---|---|

# Die Esche

Das Blatt der Esche besteht aus 9 bis 13 Fiederblättchen. Die Fiederblättchen sind länglich eiförmig und am Blattrand gesägt. Schon vor dem Blattaustrieb erscheinen die unauffälligen Blüten. Die Fruchtstände hängen in Rispen bis weit in den Winter am Baum. Die Flügelnüsschen sind wie beim Ahorn Schraubenflieger und werden mit dem Wind verbreitet. Im Winter sind auch die schwarzen Knospen sehr auffällig.

**geflügelte Samen**

**Wichtig zu wissen!**

Die Esche ist der Laubbaum in Deutschland, der mit 40 m am höchsten wächst.

Die Esche bevorzugt feuchte Böden, weshalb sie oft in Auwäldern, feuchten Tälern und Schluchten wächst. Auch in Parks kannst du sie finden.

**Die Esche wird bis zu 40 m groß.**

**Die Esche blüht von April bis Mai.**

Feb | Mär | Apr | Mai | Jun | Jul | Aug | Sep | Okt | Nov | Dez

# Die Stiel-Eiche

Die Blätter sind denen der Trauben-Eiche sehr ähnlich, sie sind aber nicht so symmetrisch und die Buchten sind tiefer eingeschnitten. Die unscheinbaren Blüten erscheinen kurz nach dem Austrieb des Laubs. Die Eicheln haben einen langen Stiel, woher der Baum auch seinen Namen hat.

## Schau genau!

Eichen können über 1000 Jahre alt werden, so alt wird kaum ein anderer heimischer Laubbaum. Das Alter eines Baums stellst du anhand der Jahresringe im Holz fest. Schau dir dazu einmal einen frisch gefällten Baumstumpf an, dort erkennst du die Wachstumsringe. Helle und dunkle Ringe wechseln sich ab. Im Frühjahr und Sommer wächst der Baum sehr stark und das Holz ist heller, im Herbst wächst der Baum dagegen nur sehr langsam und der Ring ist daher dunkler.

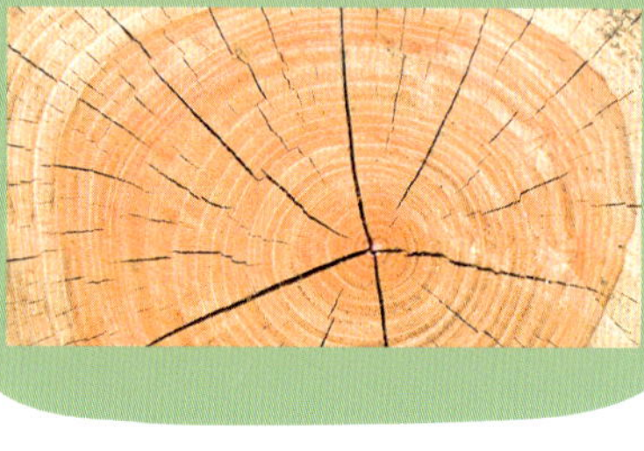

In unseren Wäldern wirst du die Stiel-Eiche häufig finden, ebenso wie in Parkanlagen und auf Friedhöfen.

Die Stiel-Eiche wird 20 bis 40 m groß.

Die Stiel-Eiche blüht von April bis Mai.

Jan | Feb | Mär | Apr | Mai | Jun | Jul | Aug | Sep | Okt | Nov

# Die Trauben-Eiche

Die 8 bis 12 cm langen Blätter sind symmetrisch und haben meist fünf bis sieben kleine, rundliche Lappen. Der Baum blüht sehr unauffällig, kurz nach dem Austrieb der Blätter. Umso auffälliger sind die Früchte, die Eicheln. Sie sitzen zu mehreren fast ohne Stiel zusammen und sehen aus wie Trauben. Daher kommt der Name des Baums.

Die Trauben-Eiche ist in den Wäldern weitverbreitet und wird auch in Parks und auf Friedhöfen gern gepflanzt.

## Schau genau!

Auf der Blattunterseite findest du manchmal rundliche Kugeln. Hier hat eine Eichengallwespe ein Ei gelegt, was dazu führt, dass der Baum diese runden Eichengallen bildet. Eichengallen enthalten viel Gerbsäure. Daraus wurde früher, mithilfe einer eisenhaltigen Substanz (Eisenvitriol), schwarze Tinte hergestellt.

**Eichengalle am Blatt**

**Die Trauben-Eiche wird 20 bis 40 m groß.**

**Die Trauben-Eiche blüht von April bis Mai.**

Feb | Mär | Apr | Mai | Jun | Jul | Aug | Sep | Okt | Nov | Dez

# Die Fichte

Die vierkantigen Nadeln sind sehr starr, spitz und wachsen dicht schraubig um den Zweig. Die männlichen und weiblichen Blütenstände befinden sich an den oberen Zweigen. Im Gegensatz zu den Zapfen der Tanne hängen die Zapfen der Fichte nach unten. Die Fichte kann 60 m hoch werden und ist damit unser größter heimischer Baum.

Natürlicherweise kommt die Fichte in Gebirgsregionen oberhalb von 800 m vor. Die Fichte ist leicht anzupflanzen und hat den höchsten Holzertrag. Das hat dazu geführt, dass heutzutage ca. ein Drittel des Walds aus Fichten besteht und sie zum häufigsten Baum in Deutschland geworden ist.

## Schau genau!

Schau dir einmal die heruntergefallenen Fichtenzapfen genauer an. Einige von ihnen sind von Tieren angenagt worden. Anhand der Fraßspuren kannst du erkennen, wer den Zapfen bearbeitet hat. Mäuse nagen die Schuppen fein säuberlich ab, um an die Samen heranzukommen. Bei Eichhörnchen stehen noch Fasern ab, und bei Spechten sind die meisten Schuppen noch dran, sehen aber sehr zerhackt aus.

**Die Fichte wird bis zu 60 m groß.**

**Die Fichte blüht von Mai bis Juni.**

Jan | Feb | Mär | Apr | Mai | Jun | Jul | Aug | Sep | Okt | Nov

# Die Weiß-Tanne

Im Gegensatz zur piksenden Fichte sind die abgeflachten Nadelblätter der Weiß-Tanne weich. Oben sind die Nadeln dunkelgrün, auf der Unterseite haben sie zwei silberne Streifen. Die Zapfen stehen wie Kerzen am Weihnachtsbaum aufrecht am Ast. Ihren Namen hat die Weiß-Tanne von der hellgrauen Rinde.

In den Mittelgebirgen von Süddeutschland und den Alpen ist die Weiß-Tanne ein typischer Baum. Der Schwarzwald verdankt seinem Namen den dunklen Tannenwäldern. Leider ist die Weiß-Tanne sehr empfindlich. So sind durch die Luftverschmutzung große Tannenbestände abgestorben.

## Wichtig zu wissen!

Bekannt ist die Weiß-Tanne auch durch den etwas herb schmeckenden Tannenhonig. Den Honig sammeln die Bienen aber nicht von den Blüten, sondern von Blattläusen. Die Blattläuse bohren ihren Rüssel in die Tanne und saugen den Baumsaft. Einen Teil des süßlichen Safts scheiden sie wieder aus – den Honigtau. Dieser wird von den Bienen eingesammelt und zu Honig verarbeitet.

**Die Weiß-Tanne wird bis zu 50 m groß.**

**Die Weiß-Tanne blüht im April.**

Feb | Mär | **Apr** | Mai | Jun | Jul | Aug | Sep | Okt | Nov | Dez

# Die Douglasie

Die Nadeln der Douglasie sind nur ca. 3,5 cm lang, weich, flach und biegsam. Sie piksen nicht, weil sie eine stumpfe Spitze haben. Wenn du die Nadeln zerreibst, riechen sie nach Orange. Die Zapfen werden bis zu 10 cm lang und hängen nach unten. Erst wenn die Samen verstreut wurden, fallen die Zapfen herunter.

## Erstaunlich!

Die größte Douglasie wurde 133 m groß und zählt damit zu den höchsten Bäumen, die jemals gemessen wurden. In Deutschland hält eine 90-jährige Douglasie mit ca. 64 m den aktuellen Höhenrekord. Das Holz der Douglasie ist sehr robust und wird für vielfältige Dinge eingesetzt: als Bauholz, für Möbel, Dielen, Parkett oder Türen.

**Schuppen mit dreizipfligen Fortsätzen**

Die Douglasie stammt aus dem Nordwesten Nordamerikas, wo sie in den küstennahen Bergen vorkommt. Da sie ausgesprochen schnell wächst, wurde sie als Forstbaum auch in deutschen Wäldern angepflanzt. Sonst findest du sie als Ziergehölz in Parks.

**Die Douglasie wird bis zu 50 m groß.**

**Die Douglasie blüht von April bis Mai.**

| Jan | Feb | Mär | Apr | Mai | Jun | Jul | Aug | Sep | Okt | Nov |
|---|---|---|---|---|---|---|---|---|---|---|

# Das Frauenhaarmoos

Das saftig grüne Moos wächst meist als großes, weiches Polster. Die kleinen Moosblättchen stehen spiralig um den Stängel und bilden ein grünes Sternchen. Seinen Namen verdankt das Frauenhaarmoos aber den Sporenkapseln, denn die Haube der Kapsel ist filzig behaart.

**Das Frauenhaarmoos bildet kuschelig weiche Polster.**

Das Frauenhaarmoos ist eins der häufigsten und auffälligsten Waldmoose. Du findest es im Wald am Fuß von Bäumen, auf Steinen und auf Totholz. Es wächst auf leicht sauren Böden und kann 20-mal so viel Wasser speichern, wie es selbst wiegt.

## Schau genau!

Sicher hast du dieses Moos schon im Wald entdeckt, das Weißmoos. Es bildet auffällig halbkugelige Polster. Im feuchten Zustand glänzt es hell bläulichgrün. Bei Trockenheit wird es weißlich. Davon hat es seinen Namen. Du findest die Polster einzeln oder in kleinen Gruppen auf dem Waldboden. Früher wurde das Moos gern in der Weihnachtszeit zur Dekoration gesammelt. Das ist aber heute verboten.

**Das Frauenhaarmoos wird 5 bis 15 cm hoch.**

**Das Frauenhaarmoos ist das ganze Jahr über grün.**

Feb | Mär | Apr | Mai | Jun | Jul | Aug | Sep | Okt | Nov | Dez

# Der Gewöhnliche Wurmfarn

Das Blatt des Gewöhnlichen Wurmfarns ist fiederblättrig, das heißt, an der Mittelrippe des Wedels sitzen 20 bis 35 Fiederblättchen. Diese sind wiederum aus kleinen Blättchen aufgebaut. Die Farnwedel wachsen trichterförmig aus einer Rosette am Boden heraus. Von Juli bis September bilden sich auf der Blattunterseite die braunen, gebogenen Sporenpakete. Aus den winzigen Sporen können neue Pflanzen entstehen.

## Wichtig zu wissen!

Die Sporenpakete auf der Blattunterseite sind, wenn man genau hinsieht, wurmartig gebogen. Seinen Namen verdankt der Farn aber seiner medizinischen Wirkung gegen Würmer im Darm. Früher wurde ein Extrakt aus den Farnwurzeln gegen Bandwürmer eingesetzt. Da es bei den Patienten aber häufig zu schweren Vergiftungen kam, wird dieser nicht mehr verwendet.

In leicht feuchten Mischwäldern kommt der Gewöhnliche Wurmfarn häufig vor, besonders auf lehmigen und nährstoffreichen Böden. Nur in reinen Fichtenwäldern ist er selten oder gar nicht zu finden.

**Der Gewöhnliche Wurmfarn wird 30 bis 140 cm hoch.**

**Der Gewöhnliche Wurmfarn ist von April bis November zu entdecken.**

Jan | Feb | Mär | Apr | Mai | Jun | Jul | Aug | Sep | Okt | Nov

# Der Zunderschwamm

Der Fruchtkörper dieses Pilzes kann bis zu 30 Jahre alt werden. Er sitzt hutförmig am Stamm eines Baums. Der Zunderschwamm gehört zu den Porlingen, weil sich auf der Unterseite lauter kleine Öffnungen, also Poren, befinden. Die Oberseite ist wellig, hat eine harte Kruste und ist gelb bis rotbraun oder gräulich.

## Erstaunlich!

Früher wurde der Pilz zum Feuermachen gebraucht. Die filzige Mittelschicht des Pilzes wurde zu Zunder verarbeitet. Fallen Funken auf den Zunder, glimmt er auf. Früher wurde an dieser schwachen Glut mithilfe von Distelsamenhaaren und Stroh Feuer entzündet. Der Pilz war damals so begehrt, dass er richtig selten wurde und man ihn aus Nord- und Osteuropa eingeführt hat.

**Ist der Baum wie hier abgebrochen, passt sich der Pilz im Wachstum an und die weißlichen Poren zeigen bald wieder nach unten.**

Der Zunderschwamm wächst nur an Laubbäumen, vor allem an Buchen, Birken oder Pappeln. Er kommt besonders in Wäldern mit vielen älteren Bäumen vor. Der Pilz dringt über eine Wunde am Stamm in den Baum ein und zersetzt das Kernholz des Baums. Meist bricht der Baum an der Stelle irgendwann ab.

**An alten Bäumen kann man den Zunderschwamm entdecken.**

**Der Zunderschwamm wird bis zu 20 cm hoch und 30 cm breit.**

**Den Zunderschwamm kannst du das ganze Jahr über finden.**

Feb | Mär | Apr | Mai | Jun | Jul | Aug | Sep | Okt | Nov | Dez

# Der Fichten-Steinpilz

Einer der besten essbaren Pilze ist der Steinpilz. Er ist ein Röhrenpilz, das heißt, anders als viele andere Pilze hat er auf der Hutunterseite keine Lamellen, sondern Röhren. Der Hut ist braun, glatt und dickfleischig. Die Poren sind weiß, bei älteren Pilzen olivgelb. Der Stiel ist ziemlich dick und tonnenförmig. Der ganze Pilz schmeckt ein bisschen nach Nuss. **Vorsicht:** Man kann ihn mit dem Gallen-Röhrling verwechseln. Der ist nicht giftig, aber sehr bitter und kann das ganze Pilzgericht verderben.

## Wichtig zu wissen!

Pilze gehören weder zu den Pflanzen noch zu den Tieren, sondern bilden eine eigene Gruppe. Es gibt drei verschiedene Lebensweisen der Pilze. Viele leben in einer Art Gemeinschaft (Symbiose) mit Bäumen oder Pflanzen. Andere leben von toten Blättern und Holz. Manche sind Parasiten. Das bedeutet, sie ernähren sich von lebenden Pflanzen oder Tieren und bringen sie dadurch am Ende zum Absterben.

Der Fichten-Steinpilz wächst gern unter Fichten und Buchen auf sauren Böden. Er ist noch relativ häufig zu finden, darf aber nur für den eigenen Bedarf gesammelt werden.

**Der Fichten-Steinpilz wird bis zu 20 cm hoch.**

**Den Fichten-Steinpilz kannst du von Juni bis Oktober finden.**

Jan | Feb | Mär | Apr | Mai | Jun | Jul | Aug | Sep | Okt | Nov

# Der Fliegenpilz

Der rote Hut mit den weißen Punkten macht den Fliegenpilz zu unserer bekanntesten Pilzart. Obwohl er giftig ist, gilt er als Glückssymbol. Der Hut kann 15 cm breit werden und hat auf der Unterseite dicht stehende weiße Lamellen. Der Stiel ist weiß und am Boden etwas dicker.

## Schau genau!

Ein sehr giftiger Pilz ist der **Knollenblätterpilz**. Er hat einen gelblich weißen Hut mit Lamellen. Auf dem Hut und am Stiel siehst du meist noch weißliche Fetzchen, das sind Reste einer Hülle des jungen Knollenblätterpilzes. Er wächst in Laub- und Nadelwäldern. Vorsicht: Den essbaren Champignon nicht mit diesem Pilz verwechseln!

Der Fliegenpilz steht in Laub- und in Nadelwäldern gern auf sauren Böden. Kalkhaltige Erde meidet er. Du findest ihn häufig in der Nähe von Birken, mit deren Wurzeln er eine Symbiose eingeht. Das heißt, Pilz- und Birkenwurzeln sind miteinander verbunden. Während die Birke dem Pilz Zuckersaft liefert, versorgt der Pilz die Birke mit Wasser und Nährsalzen.

**Der Fliegenpilz wird bis zu 20 cm hoch.**

**Den Fliegenpilz kannst du von Juli bis Oktober finden.**

# Lebensraum Gewässer

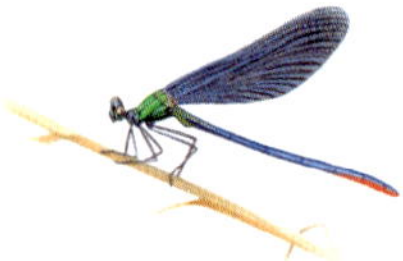

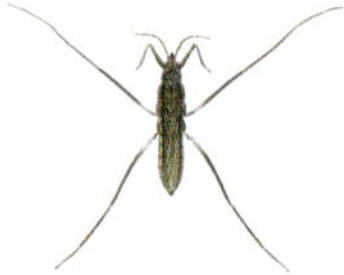

# Die Blauflügel-Prachtlibelle

Bei den Männchen der Blauflügel-Prachtlibelle sind die breiten Flügel blau, bei den Weibchen bräunlich bis kupferfarben. Die Unterseite der letzten drei Hinterleibsabschnitte ist leuchtend rot.

## Erstaunlich!

Zwischen sechs und neun Wochen dauert es, bis sich die Larven zur flugfähigen Libelle entwickelt haben. Die Entwicklung umfasst zehn bis zwölf Larvenstadien, zwischen denen sich die Larve häutet. Bei der letzten Häutung schlüpft das nun flugfähige Insekt aus der Haut heraus, klettert an einer Uferpflanze empor und verlässt das Gewässer.

Die Larven der Blauflügel-Prachtlibelle leben meist in kühlen, langsam fließenden, pflanzenreichen Bächen und Flüssen. Dort klammern sie sich zwischen angeschwemmtem Laub oder an Pflanzenwurzeln und -stängeln fest. Die ausgewachsenen Prachtlibellen kann man am besten in Gewässernähe beobachten. Auf hohen Uferpflanzen oder Sträuchern ruhen sie sich aus.

**Die Spannweite der ausgebreiteten Flügel beträgt 6,5 bis 7 cm.**

**Die Blauflügel-Prachtlibelle fliegt zwischen April und September.**

| Jan | Feb | Mär | Apr | Mai | Jun | Jul | Aug | Sep | Okt | Nov | D |
|---|---|---|---|---|---|---|---|---|---|---|---|

# Die Blaugrüne Mosaikjungfer

Die Blaugrüne Mosaikjungfer ist eine unserer häufigsten Libellen. Ihr schwarzer Körper ist leuchtend grün und blau gefleckt. Libellen können nicht stechen! Sie sind wendige Flieger, die ihre zwei Flügelpaare unabhängig voneinander bewegen und wie ein Hubschrauber in der Luft stehen bleiben können. In rasanten Flugattacken erbeuten sie fliegende Insekten.

Männchen

## Erstaunlich!

Die großen Augen der Libellen bestehen aus rund 30 000 Einzelaugen. Sie nehmen fast den ganzen Kopf ein. Dadurch haben die Libellen einen perfekten Rundumblick.

Die Großlibelle kommt an allen Teichen und Seen vor, auch am Gartenteich. Auf ihren langen Jagdzügen verlässt sie die nähere Umgebung des Gewässers. Wundere dich nicht, wenn du sie beim Jagen auf einem Waldweg beobachtest.

**Die Spannweite der ausgebreiteten Flügel beträgt bis zu 11 cm.**

**Die Blaugrüne Mosaikjungfer fliegt von Juni bis November.**

| Jan | Feb | Mär | Apr | Mai | Jun | Jul | Aug | Sep | Okt | Nov | Dez |
|---|---|---|---|---|---|---|---|---|---|---|---|

# Die Hufeisen-Azurjungfer

Kurz hinter dem Rücken dieser schlanken Kleinlibelle sitzt das namensgebende schwarze „Hufeisen"-Zeichen. Die Männchen sind leuchtend blau, die Weibchen meist gelblich grün.

Männchen

Die Hufeisen-Azurjungfer kommt oft in großen Massen an Teichen und in Seebereichen vor, an denen es viele Schwimmblattpflanzen wie See- oder Teichrosen gibt.

## Erstaunlich!

Wie alle Kleinlibellen paaren sich auch die Hufeisen-Azurjungfern in der Luft. Dazu ergreift das Männchen mit den Zangen am Hinterleibsende das Weibchen im Nacken. Das Weibchen biegt zur Paarung seinen Hinterleib nach vorne und die beiden bilden ein herzförmiges Paarungsrad. Nach der Paarung fliegen beide zur Wasseroberfläche. Dort legt das Weibchen seine Eier an den schwimmenden Blättern der Wasserpflanzen ab. Erst dann lösen sich die Partner voneinander.

Die Spannweite der ausgebreiteten Flügel beträgt 4 bis 5 cm.

**Die Hufeisen-Azurjungfer fliegt von Mai bis September.**

| Jan | Feb | Mär | Apr | Mai | Jun | Jul | Aug | Sep | Okt | Nov | D |
|---|---|---|---|---|---|---|---|---|---|---|---|

# Der Wasserläufer

Am schlanken Körper fallen sofort die vier langen Beine auf, mit denen der Wasserläufer auf der Wasseroberfläche gleiten kann wie ein Schlittschuhläufer übers Eis. Die vorderen Beine sind kurz, mit ihnen fängt der Wasserläufer seine Beute. Wasserläufer gehören übrigens zu den Wanzen.

**Mach mit!**

Wirf vorsichtig ein kleines Blättchen auf die Wasseroberfläche. Mit etwas Glück kannst du so einen Wasserläufer anlocken. Diese Wanzen bemerken die Bewegung der Wasseroberfläche, die von ins Wasser gefallenen, zappelnden Insekten erzeugt wird. Dann schießen sie eilig herbei, um Beute zu machen. Wasserläufer können auch bis zu 10 cm hoch springen.

Wasserläufer fehlen auf keinem stehenden Gewässer und bewohnen alle Tümpel, Weiher, Teiche und Seen. Da sie gut fliegen können, besiedeln sie rasch neu angelegte Teiche oder frische Wasserpfützen. Bei starkem Wind und Regen halten sie sich am Ufer auf.

**Wasserläufer sind so leicht, dass sie das Wasser trägt.**

**Der Wasserläufer (Körper) ist etwa 1 cm lang.**

**Der Wasserläufer ist von April bis Oktober unterwegs.**

n | Feb | Mär | Apr | Mai | Jun | Jul | Aug | Sep | Okt | Nov | Dez

# Die Stechmücke

058

Die Weibchen der schlanken hellbraunen Stechmücke besitzen einen langen Stechrüssel. Die Männchen erkennst du an den buschigen Fühlern, sie können nicht stechen.

## Wichtig zu wissen!

Bevor die Stechmücken-Weibchen ihre 200 bis 300 Eier in Paketen auf dem Wasser ablegen, müssen sie einen Menschen oder ein Säugetier stechen und Blut saugen. Aus den Eiern schlüpfen die Larven, die meist an der Wasseroberfläche hängen. Dort verpuppen sie sich auch zur fertigen Stechmücke.

Männchen

Larven

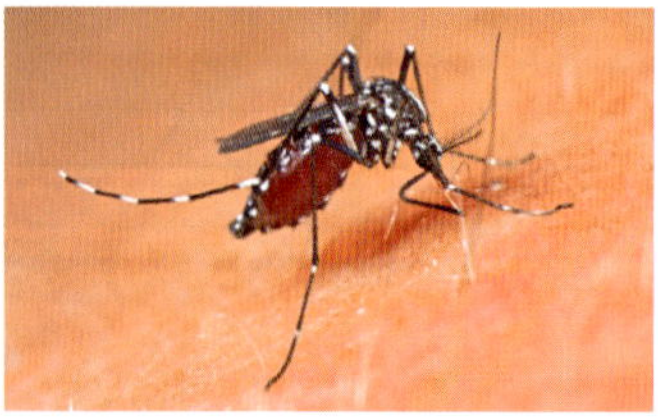

**Die Asiatische Tigermücke erkennst du an den vielen weißen Streifen. Sie wurde ursprünglich aus China eingeschleppt.**

Stechmücken sind überall dort zu finden, wo es stehendes Süß- oder Brackwasser gibt, aber auch in ruhigen Bereichen von Fließgewässern und in Mooren sowie auf feuchten Wiesen, in Regentonnen und gefüllten Gießkannen im Garten.

**Die Stechmücke ist 4 bis 6 mm lang.**

**Die Stechmücke fliegt von März bis Oktober.**

Jan | Feb | Mär | Apr | Mai | Jun | Jul | Aug | Sep | Okt | Nov | D

# Der Teichmolch

Die Haut des Teichmolchs ist gelbbraun bis schwarzgrau gefärbt. Der Bauch ist hellorange mit dunklen Punkten. Beim Männchen verändert sich das Aussehen in der Balzzeit: Ein hoher, gewellter bis gezackter Hautkamm wird ausgebildet.

**Männchen**

**Weibchen**

## Schau genau!

Bei der Eiablage heftet das Teichmolch-Weibchen zwischen 200 und 300 einzelne bräunliche Eier mit einem Durchmesser von 1,3 bis 1,8 mm an Wasserpflanzen oder Falllaub. Dabei faltet es mithilfe der Hinterbeine Taschen in die Pflanzenblätter und wickelt die Eier darin ein. Aus den Eiern entwickeln sich Larven. Sie schwimmen im Wasser umher und ernähren sich von Kleinstlebewesen.

Teichmolche leben bevorzugt im Grünland, in Hecken und an Waldrändern. Auch in Gärten und Parks kann man sie finden. Nachts gehen die Tiere auf Nahrungssuche und jagen Kleintiere wie zum Beispiel Wasserflöhe, tagsüber verstecken sie sich unter Steinen, Laub oder Wurzeln. Als Laichgewässer dienen kleine besonnte und pflanzenreiche Tümpel, Weiher und Gräben. Spätestens im Juli verlassen die meisten Teichmolche das Gewässer und gehen an Land. Im Herbst ziehen sie sich in ein frostsicheres Versteck zurück.

**Der Teichmolch wird (mit Schwanz) 11 cm lang.**

**Der Teichmolch ist zwischen Februar und November aktiv.**

n | Feb | Mär | Apr | Mai | Jun | Jul | Aug | Sep | Okt | Nov | Dez

# Der Feuersalamander

Der Feuersalamander hat einen lang gestreckten Körper und einen runden Schwanz. Trotz seiner kurzen Beine kann er ziemlich schnell laufen. Unverwechselbar ist seine glatte, wie Lack glänzende schwarze Haut mit der gelben Fleckenzeichnung, die wie ein Warnsignal wirkt. Auf dem Rücken und an den Flanken befinden sich Drüsen, die ein Hautgift absondern können. Es soll Fressfeinde und Hautschädlinge abwehren.

**Erstaunlich!**

Im Unterschied zu den meisten anderen Amphibienarten setzen Feuersalamander-Weibchen nicht Eier, sondern Larven ins Wasser ab. Diese atmen mit äußeren Kiemen und entwickeln sich im Verlauf von drei Monaten zum lungenatmenden Jungsalamander.

Ausgewachsene Feuersalamander leben in Laub- und Mischwäldern. Ihre Nahrung besteht aus kleinen Bodentieren wie Nacktschnecken, Würmern und Insektenlarven. Als Tagesversteck dienen kühle, feuchte Schlupfwinkel wie Steine, Baumstämme oder Erdlöcher. Langsam fließende, kühle Waldbäche und Tümpel werden bevorzugt als Laichgewässer genutzt. Zur Überwinterung suchen die Tiere frostfreie Bodenverstecke, Höhlen und Felsspalten auf.

**Feuersalamander sind ganz unterschiedlich gezeichnet.**

**Der Feuersalamander wird (mit Schwanz) 23 cm lang.**

**Der Feuersalamander ist meist zwischen März und Oktober/November aktiv.**

Jan | Feb | Mär | Apr | Mai | Jun | Jul | Aug | Sep | Okt | Nov | D

# Die Erdkröte 059

Im Unterschied zu den Fröschen besitzen Kröten kurze Beine und eine trockene Haut, die mit Warzen übersät ist. In diese Warzen münden Drüsen, die Hautgifte absondern. Durch das Gift sind die Kröten vor Fressfeinden und Hautschädlingen geschützt. Die Oberseite der Erdkröte ist meist grau- bis rotbraun, manchmal auch beige oder schwarzbraun gefärbt.

## Wichtig zu wissen!

Wie der Grasfrosch zählt auch die Erdkröte zu den Frühlaichern, die sich schon ab März in ihren Laichgewässern paaren. Die Rufe der Männchen klingen wie ein leises „**Oäck-Oäck-Oäck**". Die schwarzen Eier werden in Form von 5 bis 8 mm dicken Laichschnüren ins Wasser abgegeben, die bis zu 5 m lang werden können.

**die Paarung bei Erdkröten**

Im Sommer halten sich die ausgewachsenen Erdkröten bevorzugt in Laub- und Mischwäldern oder in Landschaften mit Hecken und Büschen auf. Tagsüber verstecken sich die Tiere unter Steinen, Holz, Laub oder in verlassenen Mäuselöchern. Nachts suchen sie nach Kleintieren wie Würmern, Schnecken, Asseln, Spinnen und Insekten. Als Laichgewässer dienen Weiher, größere Teiche und Seen.

**Die Erdkröte wird 9 bis 11 cm lang.**

**Die Erdkröte ist zwischen März und Oktober aktiv.**

n | Feb | Mär | Apr | Mai | Jun | Jul | Aug | Sep | Okt | Nov | Dez

# Der Grasfrosch

060

Der ausgewachsene Grasfrosch besitzt lange Hinterbeine, mit denen er weit springen kann. Die glatte, feuchte Haut ist auf der Oberseite gelbbraun, rotbraun oder dunkelbraun gefärbt. Manche Tiere haben schwarze Flecken auf ihrem Rücken. Die Unterseite ist beim Männchen weißlich grau, bei den Weibchen oft gelb und rötlich marmoriert.

## Erstaunlich!

Der Grasfrosch zählt zu den Amphibien (Lurchen), die sozusagen „doppellebig" sind: Aus den im Wasser abgelegten Eiern (dem Laich) entwickeln sich schwimmfähige Larven (Kaulquappen), die sich allmählich in auf dem Land lebende Frösche verwandeln. Wenn die „Hüpferlinge", wie man die jungen Frösche nennt, vom Gewässer aus an Land gehen, sind sie noch recht klein. Der Frosch lebt also einmal als Wasser- und einmal als Landtier.

**Schau genau hin! So eine Spur hinterlässt ein Grasfrosch.**

Als Laichgewässer nutzt der Grasfrosch stehende und langsam fließende Gewässer mit flachen Ufern. Den Sommer verbringen die ausgewachsenen Tiere meist in feuchten Wäldern oder Wiesen. Tagsüber halten sie sich geschützt in einem Versteck auf. Nachts werden sie aktiv und gehen auf Nahrungssuche. Am liebsten fressen sie Würmer, Schnecken, Spinnen und Insekten. Den Winter verbringen Grasfrösche in frostsicheren Bodenverstecken oder im Wasser.

**Der Grasfrosch wird 6 bis 10 cm lang.**

**Der Grasfrosch ist zwischen März und Oktober aktiv.**

Jan | Feb | Mär | Apr | Mai | Jun | Jul | Aug | Sep | Okt | Nov | D

# Die Rohrammer 061

## wird auch Rohrspatz genannt

Von der Färbung her ähnelt die Rohrammer einem Spatzen. Kopf und Kehle sind schwarz mit einem weißen Bartstreifen und weißem Halsband. Der Schnabel ist klein und zierlich. Die Oberseite des Gefieders ist rotbraun mit schwarzen Streifen, die Unterseite weißlich. Das Weibchen ist am Kopf braun. Meist hörst du die hohen „**Zieh**"-Rufe aus dem Schilf oder am Ufer.

Männchen

Weibchen

Die Rohrammer kommt häufig an Gewässern, Sümpfen und Mooren mit ausreichend Schilf und Röhricht vor. Hier sitzt sie gern oben an einem Schilfhalm und singt. Im Herbst fliegen die meisten Rohrammern zum Überwintern in den Mittelmeerraum, nur wenige bleiben bei uns.

### Wichtig zu wissen!

Rohrammern haben ihre Nester oft am Boden. Kommt ein Nesträuber oder ein Störenfried in die Nähe des Nests, versucht die Rohrammer, den Feind abzulenken. Plötzlich flattert und hüpft sie mit hängenden Flügeln und mimt ein verletztes Tier. Hat sie den Feind vom Nest weggelockt, fliegt sie wieder munter davon.

**Die Rohrammer wird 13 bis 15 cm groß.**

**Die Rohrammer kommt von März bis Oktober vor.**

n | Feb | Mär | Apr | Mai | Jun | Jul | Aug | Sep | Okt | Nov | Dez

# Der Kormoran

062

Der Kormoran ist ein großer schwarzer Vogel mit langem Hals und einem kräftigen Hakenschnabel zum Fischefangen. Im Brutkleid hat er einen weißen Fleck am Kopf und am Beinansatz. Kormorane sind gesellige Tiere, die in großen Kolonien auf Bäumen brüten und auch gemeinsam nach Fischen tauchen.

Nachdem die Kormorane als Konkurrenten der Angler und Fischer in Deutschland schon fast ausgerottet worden waren, wurden sie unter Schutz gestellt. Heute haben sich die Bestände wieder erholt und man findet sie an der ganzen Küste sowie an vielen Flüssen und Seen.

## Wichtig zu wissen!

Kormorane fetten nicht wie andere Wasservögel ihr Gefieder ein. Dadurch können sie besser tauchen, aber ihre Federn werden ganz nass. Deshalb siehst du sie oft mit ausgebreiteten Flügeln am Ufer sitzen, um sich wieder zu trocknen.

Der Kormoran wird 77 bis 94 cm groß.

Der Kormoran kommt ganzjährig vor.

Jan | Feb | Mär | Apr | Mai | Jun | Jul | Aug | Sep | Okt | Nov | D

# Der Eisvogel 063

Der Eisvogel ist einer unserer schönsten heimischen Vögel. Sein türkisblau schimmerndes Rückengefieder, die rostrote Unterseite und der dolchartige Schnabel machen ihn unverkennbar. Das Weibchen hat einen orangenen Unterschnabel. Mit einem durchdringenden kurzen „**Ziii**"-Pfiff macht der Eisvogel auf sich aufmerksam.

**Eisvogel im Sturzflug**

**Weibchen**

## Wichtig zu wissen!

Fischchen fängt der Eisvogel im Sturzflug. Auf einem Ast über dem Wasser wartet er geduldig, bis unter ihm ein kleiner Fisch vorbeischwimmt. Dann stürzt er sich mit angewinkelten Flügeln wie ein Pfeil ins Wasser, schnappt den Fisch und fliegt zurück auf den Ast. Dort schlägt er den Fisch gegen den Ast und schluckt ihn dann Kopf voran hinunter.

Der Eisvogel kommt an klaren Bächen und Flüssen vor. In einer Steilwand am Ufer gräbt er eine ca. 1 m lange Bruthöhle in die Erde. Im Winter lebt er auch an kleineren Gewässern und Teichen, sogar in Parks.

**Der Eisvogel wird 17 bis 19 cm groß.**

**Der Eisvogel kommt ganzjährig vor.**

Feb Mär Apr Mai Jun Jul Aug Sep Okt Nov Dez

# Die Reiherente

064

Die Reiherente erkennst du leicht an ihrem schwarzen Gefieder mit den weißen Seiten. Die weiße Unterseite kannst du schlecht sehen, wenn der Vogel schwimmt. Am Hinterkopf hat diese Ente einen Federschopf wie ein Reiher. Die gelben Augen leuchten schön am dunklen Kopf. Wenn du genau hinschaust, siehst du, dass der Kopf leicht purpurblau schimmert. Im Schlichtkleid ist das Männchen wie das Weibchen dunkelbraun gefärbt.

## Wichtig zu wissen!

Im Gegensatz zu den meisten Enten, die im April und Mai brüten, sieht man bei der Reiherente auch noch im Juli und August Eltern mit ihren Kleinen. Die Reiherenten bauen ihr Nest gern in der Nähe von Lachmöwenkolonien. Die mutigen Lachmöwen sind sehr wachsam und schlagen Nesträuber häufig in die Flucht.

Weibchen mit Jungen

Weibchen

Männchen

Neben der Stockente ist die Reiherente unsere häufigste Ente. Du findest sie an allen größeren Gewässern, aber auch an Parkteichen. Die Reiherente gehört zu den Tauchenten, denn sie sucht den Teichgrund nach Muscheln, Schnecken und Insektenlarven ab. Im Winter bildet sie oft gesellige große Gruppen.

**Die Reiherente wird 40 bis 47 cm groß.**

**Die Reiherente kommt ganzjährig vor.**

Jan | Feb | Mär | Apr | Mai | Jun | Jul | Aug | Sep | Okt | Nov

# Das Teichhuhn 065

Teichhuhn mit Jungtier

Das Teichhuhn ist eine leicht zu bestimmende Ralle. Es hat ein rotes Stirnschild und einen roten Schnabel mit gelber Spitze. Kopf, Nacken und Unterseite sind blauschwarz, der Rücken dunkelbraun. Auffällig ist der weiße Bürzel. An Land siehst du die gelbgrünen Beine mit den langen Zehen, mit denen es auch gut über Schwimmpflanzen laufen kann. Teichhühner schwimmen mit ruckartigen Halsbewegungen.

Das Teichhuhn kommt sowohl an Seen und Teichen als auch an fließenden Gewässern vor. In Parkanlagen kann es recht zutraulich werden, sonst ist es eher scheu und hält sich in der Deckung von Gebüschen auf. Trotz der langen Zehen kann es erstaunlich gut im niedrigen Gebüsch am Ufer klettern.

## Wichtig zu wissen!

Die jungen Teichhühner sind zwar Nestflüchter, kommen aber in den ersten Tagen nach dem Schlüpfen immer wieder zurück, um sich füttern zu lassen. Auch die Nacht verbringen sie im Nest, teilweise in extra dafür gebauten Schlafnestern. Bei einer Zweitbrut kann es vorkommen, dass sich die älteren Geschwister an der Aufzucht des Nachwuchses beteiligen.

**Das Teichhuhn wird 27 bis 31 cm groß.**

**Das Teichhuhn kommt ganzjährig vor.**

Feb Mär Apr Mai Jun Jul Aug Sep Okt Nov Dez

# Die Blässralle 066

## wird auch Blässhuhn genannt

Bis auf den weißen Schnabel und das weiße Stirnschild ist die rundliche Blässralle komplett schwarz. An den Zehen hat sie keine Schwimmhäute wie die Enten, sondern Schwimmlappen. Oft hörst du ein trötendes „**Köck**" oder ein hohes „**Pix**". Mit einem kleinen Kopfsprung taucht sie unter ins Wasser und sucht nach Nahrung.

### Schau genau!

Im Winter sind Blässrallen gesellige Vögel, die dicht nebeneinander herschwimmen und sich höchstens mal ums Futter streiten. Im Frühling werden sie aber zu Einzelgängern, da wird keine andere Blässralle im eigenen Revier geduldet. Erst droht sie dem Eindringling mit gesenktem Kopf und hochgehaltenen Flügeln. Hilft das nicht, tritt sie heftig mit den Füßen um sich.

Altvögel beim Kampf

Auf fast jedem See und Parkteich findest du Blässrallen. Sie fressen fast alles, von Gras über Algen bis hin zu Muscheln und Schnecken. Im Winter siehst du sie oft in großen Gruppen. Dann kommen noch viele Blässrallen aus Nord- und Osteuropa zum Überwintern zu uns.

Blässralle taucht nach Nahrung.

Die Blässralle wird 36 bis 42 cm groß.

Die Blässralle kommt ganzjährig vor.

Jan | Feb | Mär | Apr | Mai | Jun | Jul | Aug | Sep | Okt | Nov

# Der Höckerschwan 067

Unser größter heimischer Vogel ist der schneeweiße Höckerschwan. An seinem langen Hals und dem orangeroten Schnabel ist er gut zu erkennen. Das Männchen hat einen schwarzen Höcker über dem Schnabel. Die jungen Schwäne sind ganz grau, erst im zweiten Jahr bekommen sie ihr weißes Gefieder. Im Flug machen die Flügel der Schwäne ein pfeifendes Geräusch.

## Erstaunlich!

Mit bis zu 20 kg gehört der Höckerschwan zu den größten und schwersten flugfähigen Vögeln der Welt. Um so viele Kilos in die Luft zu bringen, muss der Höckerschwan wie ein Flugzeug gegen den Wind Anlauf nehmen, um abheben zu können. Auch das Landen ist nicht so einfach. Auf dem Wasser ist es kein Problem, da bremst er wie ein Wasserskiläufer mit seinen Füßen ab. An Land muss er dagegen kräftig mit den Flügeln abbremsen, um nicht auf die Nase zu fallen.

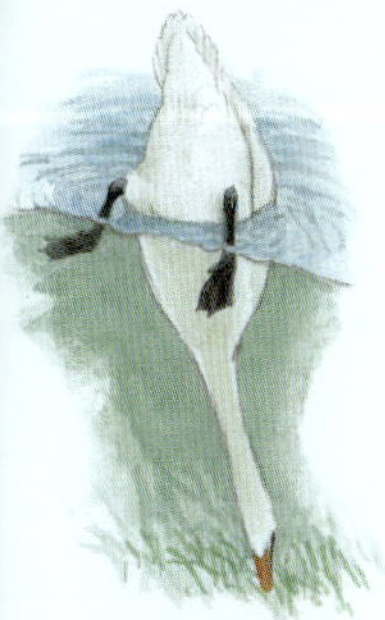

**Ein Höckerschwan gründelt nach Nahrung.**

Höckerschwäne brüten an den meisten Seen und Teichen, selbst an kleinen Parkteichen. Sie bauen ein großes Bodennest aus Schilf, das sie energisch und laut fauchend gegen Artgenossen, aber auch gegen Menschen verteidigen. Also Vorsicht!

**Der Höckerschwan wird 140 bis 160 cm groß.**

**Der Höckerschwan kommt ganzjährig vor.**

Feb | Mär | Apr | Mai | Jun | Jul | Aug | Sep | Okt | Nov | Dez

# Die Stockente

068

Die häufigste heimische Ente ist die Stockente. Das Männchen ist leicht an dem grün schillernden Kopf, dem gelben Schnabel und der braunen Brust zu erkennen. Das Weibchen ist dagegen schlicht braun gemustert, sodass es auf dem Nest bestens getarnt ist. Du erkennst es an den blauen Federn im Flügel, dem Flügelspiegel.

Weibchen

Männchen

## Erstaunlich!

Hast du dich im Winter auch schon gefragt, warum Enten nicht festfrieren, wenn sie mit ihren nackten Füßen auf dem Eis stehen? Das liegt daran, dass sie ihre Füße der Außentemperatur anpassen können. Das Blut, das in die Füße fließt, wird von dem kalten Blut, das von den Füßen kommt, abgekühlt. Die Entenfüße enthalten dadurch im Winter nur kaltes Blut, sodass das Eis nicht auftaut und die Füße nicht festfrieren.

An jedem Parkteich und größeren Gewässer triffst du auf Stockenten. Von ihnen stammen übrigens die weißen Hausenten ab. Manchmal vermischen sich Haus- und Stockenten. Ihre Nachkommen sind dann scheckig gefiedert.

**Die Stockente wird 50 bis 60 cm groß.**

**Die Stockente kommt ganzjährig vor.**

Jan | Feb | Mär | Apr | Mai | Jun | Jul | Aug | Sep | Okt | Nov

# Die Graugans

069

Die Graugans ist bei uns die größte graue Gans. Sie hat rosafarbene Beine und einen rosa Schnabel. Im Flug fallen die hellgrauen Flügelfelder auf. Auf langen Strecken fliegen Graugänse in einer Keilformation, so können sie im Windschatten ihres Vordermannes fliegen und viel Energie sparen. Sie rufen typisch gänseartig „**aahng-aahng**".

## Schau genau!

Gänse bleiben immer beieinander, denn sie haben ein richtiges Familienleben. Die Paare bleiben lebenslang zusammen und die Jungen verlassen erst bei der nächsten Brut die Eltern. Auch nach Jahren erkennen sich die Familienmitglieder wieder.

**Familienleben auf dem Wasser**

An vielen Stellen wurden die Graugänse bei uns ausgewildert, besonders in den Parkanlagen der großen Städte. Hier zeigen sie sich auch recht zahm und zutraulich. Im Winter fliegen viele der wilden Graugänse bis nach Südspanien, dagegen bleiben die meisten Park-Graugänse hier.

**Die Graugans wird 74 bis 84 cm groß.**

**Die Graugans kommt ganzjährig vor.**

Feb | Mär | Apr | Mai | Jun | Jul | Aug | Sep | Okt | Nov | Dez

# Der Haubentaucher

070

Der Haubentaucher schmückt sich im Brutkleid mit einem auffälligen schwarzbraunen Kopf- und Halsschmuck. Der lange Hals hat eine weiße Vorderseite und aus dem weißen Gesicht leuchtet ein rotes Auge. Der Rücken ist dunkelbraun gefärbt. Haubentaucher sind sehr gute Taucher und machen Jagd auf kleine Fische.

## Schau genau!

Die kleinen Jungvögel mit ihrem schwarz-weiß gestreiften Kopf können ab dem ersten Lebenstag schwimmen. Noch lieber lassen sie sich aber in den ersten Tagen auf dem Rücken der Eltern herumtragen. Nur die Köpfe schauen dann aus dem Rückengefieder der Altvögel heraus. Selbst zur Unterwasserjagd nach Fischen werden sie so mitgenommen. Oft kommen sie dann aber wie kleine Korken wieder an die Wasseroberfläche.

**Haubentaucher mit Jungen**

Haubentaucher brüten gern an großen Teichen und Seen mit viel Schilf und Uferpflanzen. Das Nest ist meist im Schilf aus Wasserpflanzen gebaut und kann schwimmen. Dadurch wird es bei starkem Regen nicht überflutet. Im Winter weichen sie auf eisfreie Gewässer aus und schwimmen auch auf Flüssen.

**Haubentaucher am Schwimmnest**

**Der Haubentaucher wird 46 bis 51 cm groß.**

**Der Haubentaucher kommt ganzjährig vor.**

Jan | Feb | Mär | Apr | Mai | Jun | Jul | Aug | Sep | Okt | Nov

# Der Graureiher 071

Fast so groß wie ein Weißstorch, macht der Graureiher seinem Namen alle Ehre. Denn bis auf die helle Unterseite und etwas Schwarz an Kopf und Flügel ist er einheitlich grau. Dabei fällt der große gelbe Schnabel auf. Im Flug sind die Beine lang gestreckt und der Hals ist s-förmig eingezogen.

**Der Graureiher fliegt mit eingezogenem Hals.**

Auf der Suche nach Fischen, Fröschen und anderen Wassertieren kommt der Graureiher an verschiedenen Gewässern vor. Selbst in Städten holt er, sehr zum Ärger der Fischfreunde, so manchen Goldfisch aus dem Gartenteich. Graureiher brüten in Kolonien auf hohen Bäumen, manchmal mit Kormoranen zusammen.

## Schau genau!

Nicht nur an Gewässern geht der Graureiher auf die Jagd. Vor allem im Winter, wenn viele Teiche zugefroren sind, siehst du ihn häufig auf Wiesen und Äckern stehen. Hier lauert er auf Mäuse oder Maulwürfe. Die Jagdtechnik sieht so aus: langsames Anpirschen, geduldiges Warten und blitzschnelles Zustoßen mit dem Schnabel.

**Der Graureiher wird 84 bis 102 cm groß.**

**Der Graureiher kommt ganzjährig vor.**

Feb Mär Apr Mai Jun Jul Aug Sep Okt Nov Dez

# Die Weiße Seerose

Ihre weißen Blüten haben einen Durchmesser von 15 cm. Damit sind sie die größten Blüten unserer heimischen Blumen. Die grünen, fast kreisrunden Blätter wachsen an einem Stängel, der bis an den Gewässerboden reicht.

Die Weiße Seerose wächst in Weihern und Teichen, aber auch in langsam fließenden Flüssen und Bächen. Die Seerose ist selten und deshalb eine geschützte Pflanze.

## Erstaunlich!

Die Weiße Seerose hat ungewöhnliche Schwimmblätter: Sie sind fest und biegsam zugleich und außerdem mit einer Schicht aus Wachs überzogen. Das ist ein guter Schutz gegen Sonnenbrand und starke Wellen. Die Blätter sind so stabil, dass sich Frösche darauf ausruhen können, ohne unterzugehen. Die Spaltöffnungen, mit denen die Pflanze atmet, befinden sich auf der oberen Blattseite. Klar: Die Unterseite liegt ja auf dem Wasser.

Der Stängel der Weißen Seerose reicht bis zu 3 m tief ins Wasser.

Die Weiße Seerose blüht von Mai bis September.

| Jan | Feb | Mär | Apr | Mai | Jun | Jul | Aug | Sep | Okt | Nov |
|---|---|---|---|---|---|---|---|---|---|---|

# Der Riesen-Bärenklau

Der Riesen-Bärenklau ist wirklich ein Riese. Er ist so groß, dass du ihn nicht übersehen kannst. Der Stängel kann bis zu 10 cm dick werden. Er ist innen hohl und außen mit vielen borstigen Haaren besetzt. Die grünen Blätter können sogar bis zu 2 m lang werden.

## Finger weg!

Das gilt für beide Bärenklau-Arten. Sie enthalten gefährliche Stoffe, die beim Riesen-Bärenklau noch stärker wirken als beim **Wiesen-Bärenklau**. Bei Kontakt mit der Haut kann es zu starker Rötung und schmerzhaften Brandblasen kommen.

**Der Blütenstand kann über 50 cm breit werden.**

**Die Blätter sind bis zu 2 m lang.**

**Der Wiesen-Bärenklau ist kleiner als sein Verwandter (50 bis 150 cm) und seine Blätter sind an den Spitzen runder.**

Am häufigsten wächst der Riesen-Bärenklau, den man auch Herkulesstaude nennt, an Bach- und Flussufern. Du kannst ihn aber auch an Straßenrändern finden. Er stammt ursprünglich aus dem Kaukasus und wurde bei uns als Zierpflanze eingeführt.

**Der Riesen-Bärenklau wird 1 bis 3 m hoch.**

**Der Riesen-Bärenklau blüht von Juni bis September.**

Feb | Mär | Apr | Mai | Jun | Jul | Aug | Sep | Okt | Nov | Dez

# Die Wasser-Minze

Die Wasser-Minze erkennst du vor allem an ihrem intensiven Duft. Der kommt aus den grünen Laubblättern, die besonders stark riechende Öle enthalten. Die einzelnen rotvioletten Blütchen bilden dichte rundliche Blütenstände. Sie sitzen an der Spitze der Pflanze und auf ihren Seitentrieben.

## Mach mit!

Aus den grünen Blättern der Wasser-Minze kannst du einen leckeren Tee zubereiten: Übergieße die frischen oder getrockneten Blätter mit kochendem Wasser. Lasse diesen Tee etwas ziehen und süße ihn nach deinem Geschmack mit Honig oder Zucker.

**Wasser-Minztee selbst gemacht – hmm, der schmeckt!**

Wie der Name schon sagt, findest du die Wasser-Minze vor allem an feuchten Orten wie zum Beispiel an Bächen und Gräben.

**Die Wasser-Minze wird 20 bis 90 cm hoch.**

**Die Wasser-Minze blüht von Juli bis Oktober.**

Jan | Feb | Mär | Apr | Mai | Jun | Jul | Aug | Sep | Okt | Nov

# Die Pestwurz

Die Blütenstände bestehen aus zahlreichen rötlichen Blütenkörbchen. Sie sind besonders auffällig, weil sie sich im Frühling früher entfalten als die Laubblätter. Dafür sind die Blätter im Sommer wegen ihrer Größe kaum zu übersehen. Sie wurden früher als Heilmittel verabreicht. Zu viel davon ist jedoch giftig.

## Mach mit!

Die Blätter der Pestwurz sind größer als fast alle anderen Blätter unserer heimischen Pflanzen. Die Pflanze wird auch „Wilder Rhabarber" genannt. Beim Spielen kannst du dir aus einem solchen Blatt sogar einen Sonnenhut machen: Ziehe dazu einen Teil des Blattstängels durch das Blatt. Dadurch erhältst du ein Band, das deinen Hut auf dem Kopf hält.

Die Pestwurz wächst vor allem an Ufern von Bächen und Flüssen. Du kannst sie aber auch an nassen Stellen im Hügel- und Bergland finden. Im Tiefland ist die Pflanze seltener.

**Die Pestwurz wird 20 bis 100 cm hoch.**

**Die Pestwurz blüht von März bis Mai.**

n | Feb | Mär | Apr | Mai | Jun | Jul | Aug | Sep | Okt | Nov | Dez

# Der Schneeball

Der große Strauch oder kleine Baum hat drei- bis fünflappige große Blätter. Die Blattunterseite ist behaart und der Blattrand unregelmäßig grob gezahnt. Der Blütenstand hat am Rand große, weiß leuchtende Blüten. In der Mitte findest du kleine gelbliche Blüten, aus denen im Herbst rot glänzende Früchte werden. Aber Vorsicht, sie sind leicht giftig.

Den Schneeball findest du meist auf feuchten Böden, an Bach- und Flussufern, an schattigen Waldrändern und in Hecken. Wegen seiner schönen Blüten und Früchte wird er aber auch gern in Parks und Gärten angepflanzt.

## Schau genau!

Der Schneeball ist für Läuse sehr anfällig. Die Schwarze Bohnenlaus zum Beispiel legt hier im Herbst ihre Eier ab, die an den Ästen überwintern. Im Frühjahr machen sich die Läuse über das erste frische Grün her, wechseln dann aber auf Bohnen oder andere krautige Pflanzen. Vielleicht kannst du ja ein paar Läuse entdecken.

**Der Schneeball wird 2 bis 5 m groß.**

**Der Schneeball blüht von Mai bis Juni.**

Jan | Feb | Mär | Apr | Mai | Jun | Jul | Aug | Sep | Okt | Nov | D

# Die Trauben-Kirsche

Die Blätter sehen der Süß-Kirsche ähnlich, sind aber mattgrün und die Oberfläche sieht etwas knittrig aus. Die Blüten dagegen sind unverwechselbar. Sie hängen in dichten weißen Trauben am Baum, genauso wie im Herbst die schwarzroten Kirschen. Die kleinen Kirschen schmecken leicht bitter. So haben die Vögel die Kirschen für sich.

## Schau genau!

Im Juni findet man häufig Trauben-Kirschen, die wie mit Watte überzogen sind. Das ist das Werk der Trauben-Kirschen-Gespinstmotte. Die Raupen der Motte fressen fast nur die Blätter der Trauben-Kirsche. Dabei spinnen sie die Zweige und Äste mit einem feinen Gespinst ein. So schützen sie sich vor Fressfeinden und können sich auch in Ruhe verpuppen.

**Gespinst der Trauben-Kirschen-Gespinstmotte**

Die Trauben-Kirsche wächst meist auf feuchten und nassen Böden, zum Beispiel in Auwäldern, an Bach-, Fluss- und Seeufern oder an feuchten Waldrändern.

**Die Trauben-Kirsche wird 10 bis 15 m groß.**

**Die Trauben-Kirsche blüht von April bis Mai.**

Jan | Feb | Mär | Apr | Mai | Jun | Jul | Aug | Sep | Okt | Nov | Dez

# Die Silber-Weide

Die langen, schmalen und fein gezähnten Blätter sind auf der Blattunterseite dicht weißlich behaart. Bewegen sich die Blätter im Wind, leuchten die silbrigen Blattunterseiten auf, woher die Silber-Weide ihren Namen hat. Es gibt männliche und weibliche Bäume, die ihre Blütenkätzchen mit oder kurz vor den Blättern austreiben. Die leichten und behaarten Samen werden vom Wind weit verteilt.

Diese häufigste Weidenart kommt bevorzugt in Auwäldern vor, aber auch am Ufer von Bächen, Flüssen und Seen.

## Schau genau!

Die dünnen, rutenartigen Zweige werden zum Korbflechten genutzt, so wie auch die der Korb-Weide. Dafür werden die Zweige regelmäßig geschnitten und es entsteht eine sogenannte „Kopfweide". Vor allem an Gräben und Bächen werden die Kopfweiden als Uferbefestigung gepflanzt.

Aus den Zweigen der Kopfweide kann man Körbe flechten.

Die Silber-Weide wird bis zu 30 m groß.

Die Silber-Weide blüht von April bis Mai.

Jan | Feb | Mär | **Apr** | **Mai** | Jun | Jul | Aug | Sep | Okt | Nov | D

# Die Bruch-Weide

Die jungen Zweige brechen leicht ab und geben dabei ein knackendes Geräusch von sich, weshalb die Bruch-Weide auch oft Knack-Weide genannt wird. Die Blätter ähneln denen der Silber-Weide, sind aber ganz unbehaart. Wie bei allen Weiden gibt es männliche und weibliche Blüten.

## Wichtig zu wissen!

Schon die alten Griechen wussten, dass man mit einem Extrakt aus Weidenrinde Schmerzen stillen und Fieber senken konnte. Den Wirkstoff, die Salizylsäure, findest du in einem unserer häufigsten Medikamente wieder, in der Aspirintablette.

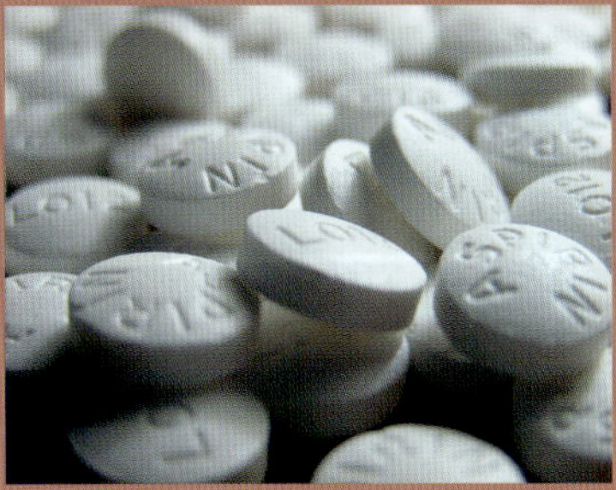

Die Bruch-Weide wächst vor allem auf sehr feuchten Böden, die auch mal überschwemmt werden können. Im Flachland und in Bergtälern findest du sie an Bächen, Flüssen und Seen.

**Die Bruch-Weide wird bis zu 15 m groß.**

**Die Bruch-Weide blüht von März bis April.**

an | Feb | **Mär** | **Apr** | Mai | Jun | Jul | Aug | Sep | Okt | Nov | Dez

# Die Schwarz-Pappel

Die dunkelgrün glänzenden Blätter haben einen dreieckigen Umriss und einen langen Blattstiel. Es gibt männliche und weibliche Bäume, die ihre Blütenkätzchen vor den Blättern austreiben. Die Samen hängen an silbrigen Fäden, die im Mai wie Watte auf dem Boden umhergeweht werden.

## Wichtig zu wissen!

Die Schwarz-Pappel ist heutzutage relativ selten geworden und steht schon auf der Roten Liste der gefährdeten Pflanzen. Meist findest du die sehr ähnliche Bastard-Schwarz-Pappel. Das ist eine Kreuzung aus Kanadischer und Europäischer Schwarz-Pappel. Sie ist robust, wächst schneller als die eigentliche Schwarz-Pappel und wird deshalb oft gepflanzt. Häufig ist auch eine säulenartig wachsende Zuchtform der Schwarz-Pappel, die Pyramiden-Pappel.

Die Schwarz-Pappel wächst entlang von Flüssen, Bächen und Seen. Die Wurzeln vertragen es, zeitweise überflutet im Wasser zu stehen.

**Pyramiden-Pappeln**

**Die Schwarz-Pappel wird bis zu 30 m groß.**

**Die Schwarz-Pappel blüht von März bis April.**

Jan | Feb | **Mär** | **Apr** | Mai | Jun | Jul | Aug | Sep | Okt | Nov | Dez

# Die Schwarz-Erle

Zwei bis vier Wochen vor den Blättern erscheinen die männlichen und weiblichen Blüten. Die Früchte sehen aus wie kleine Zapfen und bleiben den ganzen Winter am Baum. Die dunkelgrünen Blätter sind rundlich und an der Blattspitze meist eingebuchtet oder sogar stumpf. Die Blätter fallen im Herbst dunkelgrün vom Baum.

## Erstaunlich!

Die Erle bildet an den Wurzeln kleine Knöllchen aus. In diesen Knöllchen lebt ein bestimmter Pilz, der von der Erle mit Energie versorgt wird. Im Gegenzug liefert der Pilz der Erle lebenswichtigen Dünger. Diese Form des Zusammenlebens zweier Arten, bei dem jeder dem anderen nützt, nennt man Symbiose.

Die Schwarz-Erle wächst auf nassen Böden. Du findest sie an Bach-, Fluss- und Seeufern. Der Baum kann auch mehrere Wochen im Wasser stehen.

**Die Schwarz-Erle wird bis zu 25 m groß.**

**Die Schwarz-Erle blüht von März bis April.**

Jan | Feb | Mär | Apr | Mai | Jun | Jul | Aug | Sep | Okt | Nov | Dez

# So wirst du zum Baum-Experten

Damit du dir die Bäume und Sträucher und ihre Besonderheiten gut merken kannst, solltest du dir eine **Blattsammlung** anlegen. Dafür suchst du von jedem Baum, den du bestimmt hast, ein **typisches Blatt** und presst es zwischen Zeitungspapier in einem dicken Buch. Nach einer Woche ist das Blatt getrocknet. Dann kannst du es auf ein weißes Blatt Papier aufkleben und in einem Ordner sammeln. Daneben schreibst du den Namen der Pflanze, den Ort und das Datum, an dem du es gesammelt hast.

Sammle ruhig mehrere Blätter aus verschiedenen Jahreszeiten, denn Blätter verändern sich im Lauf des Jahres. Manche haben zum Beispiel im Frühling noch viele kleine Härchen, die sie während des Sommers verlieren.

Natürlich kannst du auch **Blüten und Früchte** sammeln, trocknen und aufkleben, aber Vorsicht bei den giftigen Arten! Bei dicken Blüten und Früchten ist es einfacher, ein Foto davon zu machen und es aufzukleben. So kannst du Stück für Stück deine eigene Blättersammlung vervollständigen und hast am Ende ein ganz persönliches Baum-Album!

## Erstaunlich!

Die Welwitschia hat nur zwei Blätter, die aber häufig zerschlitzt sind. Sie lebt in der Wüste Namibias. Die Blätter wachsen ständig weiter, sie sterben nur an der Spitze nach einigen Jahren ab.

Willst du wissen, wie hoch der Baum ist, vor dem du gerade stehst? Das kannst du ohne komplizierte Geräte herausfinden, du brauchst nur einen kurzen Stock und einen Freund. Dein Freund stellt sich neben den Baumstamm. Du gehst nun ein paar Meter zurück, bis du die Baumspitze siehst. Jetzt hältst du den Stock mit ausgestrecktem Arm senkrecht vor dich hin, sodass die Enden des Stocks vom Fuß des Stamms bis zur Spitze des Baums reichen. Eventuell musst du den Stock noch kürzen oder deinen Abstand so verändern, dass es passt. Jetzt kippst du den Stock um 90 Grad zur Seite. Nun läuft dein Freund vom Baum zum Stockende. Wenn ihr wisst, wie groß die Schrittlänge von deinem Freund ist, könnt ihr jetzt die **Höhe des Baums** bestimmen. Das ist nämlich der Abstand vom Baum bis zum Stockende.

## Erstaunlich!

Als die dicksten Bäume gelten die afrikanischen Affenbrotbäume, die einen Durchmesser von über 10 m erreichen können!

## Mach mit!

Stell dich im Wald zu einer Gruppe von Bäumen. Jetzt lass dir die Augen verbinden, dich ein paar Mal im Kreis drehen und zu einem Baum führen. Diesen Baum ertastest du mit deinen Händen: Wie fühlt sich seine Borke an, hat er Beulen und wie dick ist der Stamm? Dann wirst du wieder mit vielen Drehungen und Zickzacklaufen zu deinem Ausgangspunkt zurückgeführt. Mit offenen Augen musst du jetzt herausfinden, welchen Baum du abgetastet hast. Gar nicht so leicht, oder?

# Wie ein Baum entsteht

Du hast dich sicher schon mal gefragt, wie aus einem kleinen Samen ein mächtiger Baum wird.

Alles fängt im **Herbst** an, wenn die reifen Früchte mit ihren Samen zu Boden fallen. Um keimen zu können, brauchen die vielen Samen den Kältereiz aus dem **Winter**. So wird verhindert, dass sie in der empfindlichen Phase des Keimens erfrieren. Denn erst wenn es im Frühling wieder warm wird, „wissen" die Samen, dass sie einen Sommer lang Zeit zum Wachsen haben.

Das hat die Natur ganz geschickt eingerichtet, findest du nicht auch? Doch bis in den Frühling überleben die meisten Samen gar nicht, vorher werden sie von Wildschweinen, Rehen, Eichhörnchen, Mäusen oder Vögeln gefressen, oder sie fallen auf Böden, auf denen es zu steinig oder zu trocken zum Wachsen ist. Trotzdem ist im **Frühling** der Waldboden an vielen Stellen übersät mit keimenden Bäumen. Und jetzt beginnt der Kampf ums Licht: Nur wer schnell genug wächst oder mit dem wenigen Licht zurechtkommt, kann weiterwachsen.

## Erstaunlich!

Eichhörnchen und Eichelhäher werden auch „Gärtner des Walds" genannt. Im Herbst sammeln sie nämlich viele Samen und vergraben sie als Wintervorrat im Boden. Doch sie finden nicht alle wieder. Diese „vergessenen" Samen haben in der lockeren Erde dann oft sehr gute Startbedingungen.

Eichhörnchen

Eichelhäher

Die nächsten 10 bis 15 Jahre besteht für den noch jungen Baum die Gefahr, von Rehen, Hirschen oder Mäusen angenagt und beschädigt zu werden. Erst ab einer gewissen Größe macht den Bäumen das nicht mehr so viel aus. Das Wichtigste, was die Bäume weiterhin brauchen, ist **Licht**. Solange ein dichtes Blätterdach den Waldboden beschattet, wachsen die jungen Bäume nur langsam. Doch sobald ein alter Baum abstirbt oder gefällt wird und das Licht wieder bis zu den jungen Bäumen vordringt, geht das „Um-die-Wette-wachsen" wieder los, bis das Kronendach erneut geschlossen ist.

**Auf den Waldboden dringt durch das Blätterdach wenig Licht.**

## Wichtig zu wissen!

In einem natürlichen Wald entscheidet die Natur, welcher Baum sich durchsetzt. In einem Forst lässt der Förster die Bäume stehen, die besonders gerade wachsen, die wenigsten Äste haben und sich hoffentlich später gut verkaufen lassen. Die anderen Jungbäume werden nach und nach gefällt.

**Kastanie**

**Eichel**

## Mach mit!

Wenn du im Herbst Eicheln oder Kastanien in einen Blumentopf pflanzt, kannst du im Frühling zuschauen, wie ein Baum entsteht. Die junge Pflanze kannst du dann in den Wald setzen, aus dem du den Samen hattest, und ihr Wachstum weiter beobachten. Das ist dann „dein Baum"!

## Ab durch die Luft

Wenn es im Frühling eine längere Trockenzeit gibt, findest du überall eine **gelbe Staubschicht**, zum Beispiel auf Autos, Fensterbänken, Teichen oder Pfützen. Das sind fast alles die **Blütenpollen** von Bäumen.

Blüte der Hänge-Birke

### Wichtig zu wissen!

Dank der Pollen wissen die sogenannten Pollenkundler, was für Bäume in den letzten 15 000 Jahren in Mitteleuropa standen. Denn Pollen sind ziemlich robust und können in den Ablagerungen von Seen und Mooren überdauern und dort von den Wissenschaftlern aufgespürt werden. So konnten die Pollenkundler feststellen, dass nach der letzten Eiszeit zuerst Birken, Kiefern und Weiden, später Haseln und Eichen die häufigsten Bäume waren. Heute sind es die Buchen.

Blüte der Hainbuche

Weißt du eigentlich, wie die Blüten von Birke, Buche oder Eiche aussehen? Wahrscheinlich nicht, denn sie blühen ziemlich unauffällig. Mach dich doch mal auf die Suche nach ihnen! Sie brauchen keine bunten Blüten, um Insekten anzulocken, denn die Pollen werden mit dem **Wind** verbreitet. Damit ein Pollenkorn zufällig auf der Narbe einer weiblichen Blüte landet, müssen Unmengen Pollen produziert werden. Doch nicht nur die Pollen werden durch die Luft verbreitet. Im Herbst nutzen auch viele Samen den Weg durch die Luft, um neue Gebiete zu besiedeln.

Blüte der Stiel-Eiche

### Erstaunlich!

Eine einzige Eichenblüte entlässt ca. 40 000 Pollenkörner, bei einer Tanne sind es sogar 200 000! Leider finden eine ganze Menge Pollen auch den Weg in unsere Nasen und Augen. Dort lösen sie bei vielen Menschen Heuschnupfen aus, mit tränenden Augen und ständigem Niesen.

Die kleinsten Samen haben die Weiden und Pappeln. Mithilfe eines Haarkranzes schweben sie weite Strecken durch die Luft. Auch Birkensamen trägt der Wind über große Entfernungen, dafür haben sie zwei kleine Flügel. Hast du sie schon mal gesehen?

**Spitz-Ahorn**

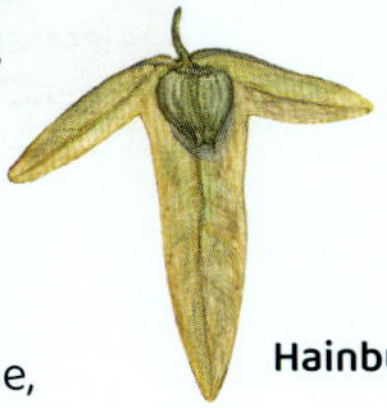

**Hainbuche**

**Hänge-Birke**

Die geflügelten Samen von Ulme, Hainbuche und Ahorn sind deutlich schwerer und fliegen nicht so weit. Sie trudeln mit kreiselnden Bewegungen wie ein Hubschrauber langsam zu Boden. Mithilfe eines Tragblatts fliegt der Lindensamen in ähnlicher Weise. Probier doch mal aus, wie unterschiedlich die Samen fliegen, indem du sie zum Beispiel aus dem Fenster wirfst und ihnen beim Flug zuschaust.

**Feld-Ulme**

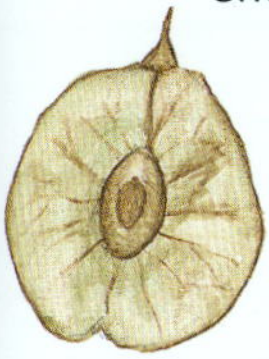

**Berg-Ulme**

## Erstaunlich!

Kastanien, Eicheln und Bucheckern sind zu schwer, um vom Wind verbreitet zu werden. Sie sind auf die Hilfe von Tieren angewiesen, die sie als Wintervorrat verstecken und dann vergessen. Größere Entfernungen können die Samen von Äpfeln, Ebereschen, Eiben und Holundern zurücklegen: Sie sind in leckeren Früchten verborgen, werden von Tieren gefressen, aber später unverdaut wieder ausgeschieden. Wenn sie auf fruchtbarem Boden landen, haben sie die besten Chancen, ein großer Baum zu werden.

# Was braucht ein Baum zum Leben?

Wie fast jede Pflanze braucht ein Baum **Luft**, **Licht**, **Wasser** und **Nährstoffe**, um wachsen zu können. Er arbeitet wie eine kleine Fabrik mit Kraftwerk, Versorgungsleitungen, Produkten und Abfällen. Die **Energie** bekommt der Baum von seinen vielen grünen Solarzellen, den Blättern. Hier sitzt das **Blattgrün**. Es fängt einen Teil der **Sonnenenergie** ein und wandelt sie mithilfe des **Kohlendioxids** aus der Luft in **Traubenzucker** um. Als Nebenprodukt entsteht dabei **Sauerstoff**, der Stoff, den wir zum Atmen brauchen. Dieser Vorgang heißt **Fotosynthese**. Das ist der wichtigste Ablauf auf unserer Erde, ohne den es kein Leben geben würde, wie wir es heute kennen. Mit dem Traubenzucker kann der Baum jetzt Holz, neue Blätter, Blüten und Früchte herstellen oder ihn als Reserve speichern. Vereinfacht kann man sich die Fotosynthese so vorstellen:

### Erstaunlich!

Eine große ausgewachsene Buche hat etwa 600 000 Blätter. An einem sonnigen Tag verbraucht der Baum 400 l Wasser – also etwa 2,5 volle Badewannen. Er bildet damit 12 kg Zucker – das sind 4 000 Stücke Würfelzucker – sowie Sauerstoff für uns Menschen.

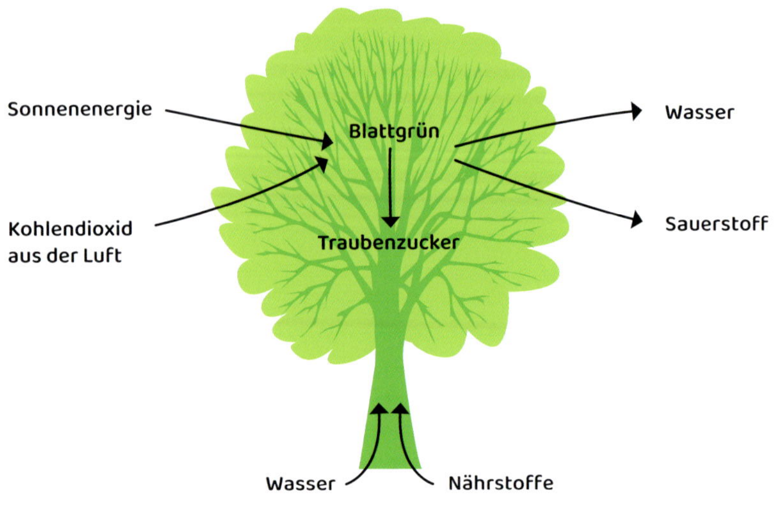

Für das Wasser und die Nährstoffe hat der Baum zwei verschiedene **Leitungssysteme**. In dem einen werden das Wasser und die darin gelösten Salze transportiert. Das andere Leitungssystem befördert den Zucker an die benötigten Stellen. Aber wie kommt das Wasser in die Blattspitzen? Über winzige Öffnungen in den Blättern verdunstet der Baum Wasser. Er schwitzt also und gibt Wasser ab. Dadurch entsteht in den Leitungsbahnen ein **Sog**, der dafür sorgt, dass aus den Wurzeln Wasser nachgezogen wird. Bei ca. 130 m Höhe ist allerdings Schluss. Dann wird der Wasserfaden in den Leitungsbahnen so schwer, dass er abreißt. Die größten je gemessenen Bäume sind etwa 135 m hoch. Der höchste Baum der Erde ist heute ein Küstenmammutbaum in Kalifornien mit ca. 115 m. Der höchste Baum in Deutschland steht in Freiburg und ist eine etwa 63 m große Douglasie.

## Wichtig zu wissen!

Eine Stiel-Eiche braucht ca. 60 Jahre, bis sie die ersten Früchte bildet, dafür kann sie aber auch bis zu 1000 Jahre alt werden. Auch die Buche braucht mindestens 30 Jahre für die ersten Bucheckern. Erst nach ca. 200 bis 300 Jahren ist sie voll ausgewachsen.

Rot-Buche

Stiel-Eiche

## Mach mit!

Im Winter waren die Nährstoffe in den Wurzeln und im Stamm gespeichert. Im Frühling schickt der Baum sie in die Zweige, um neue Blätter zu bilden. Damit du das schlürfende Geräusch hören kannst, brauchst du ein (Spielzeug-) Stethoskop. Probier es an einem sonnigen und warmen Frühlingstag an Bäumen mit dünner Rinde wie Kirsche, Birke oder Ahorn aus. Da klappt es am besten.

## Schnelle Suche mit Stichwörtern

## G



## H

## I



## J



## K

## T



## V



## W



## Z

ISBN 978-3-440-17573-6

ISBN 978-3-440-17242-1

ISBN 978-3-440-17245-2

ISBN 978-3-440-17244-5

Diese Naturführer stellen die wichtigsten Tierarten und Pflanzen vor deiner Haustüre vor. Zusätzlich liefern sie viele nützliche Tipps und Tricks zum Selbermachen, Beobachten und Bestimmen.

ENTDECKEN. Erkennen. Erleben.

ISBN 978-3-440-17429-6

ISBN 978-3-440-17575-0

KOSMOS PLUS

ISBN 978-3-440-17430-2

ISBN 978-3-440-18212-3

**Und noch mehr auf kosmos.de/kindernaturfuehrer entdecken!**

NABU
Macht Spaß. Macht Sinn.
Die Natur schützen mit dem NABU. Mach mit!
www.NABU.de/aktiv
© NABU/E. Neuling

# Bildnachweis

**Mit Illustrationen von:**
Marianne Golte-Bechtle (46): S. 11 (Strandkrabbe, Miesmuscheln, Weberknecht), 12, 20, 21 r., 23, 24, 27 o., 32, 61 li., 65 re., 67, 69 l., 94, 96 m.l., 97 u.m., 98 m.l., 99 o.r., 109, 114, 120, 127 l., 130, 131 l., 132, 133 l., 134 o., 134 m.r., 146 ru, 148, 152 u.r., 170, 174, 178 beide, 180, 182, 187 u.l., 191 r., 192 l., 202, 217, 233, 234, 243, 244, 244 m., 247 o.r.; Andreas Gminder (1): S. 205; Paschalis Dougalis (17): S. 15 (5), 15 (1), 15 (4), 53 u., 104, 105, 105, 156 beide, 160 r., 161 u., 162 alle, 163, 166, 169, 221 u., 226 o., 229 l.; Esther von Hacht (8): S. 35, 36 u., 145, 149 (Spur), 151 (Spur), 152 (Spur), 153, 154; Sigrid Haag (1): S. 247 o.l.; Milada Krautmann (2): S. 14 m.r., 14 m.r.; Wolfgang Lang (4): S. 10 (Kaulquappe), 12, 215, 216; Dr. Rita Lüder (22): S. 59, 63, 64, 65 l., 65, 108, 111, 112, 113, 113, 115, 118, 121, 123, 124, 173, 175, 176, 177, 185 beide, 211 u., 232; Sonja Schadwinkel (48): S. 68, 69 r. 70, 71, 72, 73, 74, 75, 76, 77, 78, 79, 80, 81, 82, 83, 84, 85, 129, 129, 131 r., 133 r., 134 m.l., 135 alle, 136, 137 alle, 138, 139, 189, 190, 191 l., 192 r., 193, 194, 195, 196, 197, 198, 199, 200, 201, 235, 236, 237, 238, 239, 245 u., 245 o.; Kadie Schmidt-Hackenberg (23): S. 57, 58, 60, 62, 66, 67, 110, 116, 117, 119, 122, 125, 125 l., 126, 171, 172, 179 beide, 181, 183, 184, 188, 230, 231 r.; Steffen Walentowitz (90): S. 14 u.l., 14 u.r., 14 m.m., 14 u.l., 14 o.m., 14 m.l., 14 o.r., 15 (3), 15 (2), 15 (6), 21 l., 22, 25, 26, 28 m., 34 o., 36 o., 37, 38, 39, 40, 41, 42, 43 u., 43 o., 44, 45, 46, 47, 48, 49, 50, 51, 52, 53 o., 54, 55, 56, 90, 92, 93, 95, 98 o.r., 100, 100, 101, 102, 103, 103, 104, 106, 106, 107, 144, 146, 147, 149, 155, 157 beide, 158, 159, 160 l., 161 o., 164 beide, 164, 165, 166, 167, 168, 187 u.r., 203 m., 204, 206, 207, 210, 211 o.l., 218, 219, 220, 221 o., 222, 223, 224, 225, 226 u. 227, 228, 229 r., 242 u.r., 242 u.l.; Jürgen Willbarth (21): S. 11 (Schwebfliege), 10 (Fischeier), 14 o.l. 14 o.l. 20 u., 24 r., 27 u., 28 o., 29, 30, 31, 33, 34 m., 35 (Spuren), 91, 96 o., 97 o.r., 99 u.r., 150, 151, 152 m.; Sigrid Walter: S. 246 u.

**Mit Farbfotos von:**
**Adobe Stock.com:** Albedopix: S. 30; Andrey Kiselev: S. 8; Benjamin Haas: S. 240 o.; Christine Nichols: S. 38; eil78: S. 91; Ewe Degiampietro: S. 130; Ferdl: S. 133; ferkelraggae: S. 202; fox111184: S. 25; fux: S. 85; ingwio: S. 240 o.r.; Jürgen Fälchle: S. 34; JuriSamsonov: S. 245 u.l.; Lupico: S. 241 u.; Martina Berg: S. 13; morpheus: S. 129; orxy: S. 240 u.r.; Petra Gurtner: S. 75; PHB: S. 220; Philipp Gabrys: S. 245 u.r.; Regies Gontier: S. 10 (Fisch); M. Schuppich: S. 234; Smileus: S. 240 u.l.; UK: S. 10 (Eidechse); Wolfgang Kruck: S. 240 o.
**Dreamstime.com:** Andrej Semenov: S. 82; Blaz Kure: S. 194; Elena Elisseeva: S. 74; Farek: S. 78; Jinyoung Lee: S. 69; Julia Freemann – Woolpert: S. 76; Kalvis Kalser: S. 11 (Wespe); Madeleine Openshaw: S. 131; Mikael Damikier: S. 11 (Muscheln); Nemanja Glumac: S. 198; Paul Cowan: S. 132; Rimantas Abromas: S. 136; Santoso6: S. 81; Sasha Radosavejevic: S. 10 (Fell); Sonya Etchison: S. 196; Stu Griffith: S. 237; Tamara Kulikova: S. 195; Tatarszkij: S. 84; Van Truan: S. 201; Wally Stemberger: S. 190
**Shutterstock.com:** Ben Queensborough: S. 169; beta7: S. 128 m.r.; David Dohnal: S. 128 m.l. und r.; Deyana Stefanova Robova: S. 77; FJAH: S. 102; Gertjan Hooijer: S. 42; InfoFlowerPlants: S. 128 l.; Kozlik: S. 127; oroch: S. 184; Werner Lehmann: S. 50; WildMedia: S. 1/2, S. 2/3
**iStockphoto.com:** Andyworks: S. 163; fotoVoyager: S. 242 m.; joruba: S. 244; redmal: S. 242 o.; Rinelle: S. 243 u.; Tabee: S. 247
**OKAPIA:** Hans Reinhard: S. 80; Jeff Meul – SAVE: S. 29; Jens Peter Laub: S. 9, Martin Partsch: S. 192; Robert Maier: S. 200; Werner Layer: S. 238
**Gartenschatz GmbH:** Bajohr: S. 93; Schön: S. 26
**Weitere:** Adam Klees: S. 138; Alfred Limbrunner: S. 39, 48, 49, 77; Andreas Gminder: S. 207; Arctos: S. 148; Christian Schön/Tourismusverein Bordesholmer Land: S. 71; Christof Salata/Kosmos: S. 64; Dr. Eckart Pott: S. 62, 114, 183; Dr. Heike Herrmann: S. 186; Dr. Rita Lüder: S. 115, 126, 170, 173, 182, 188; Essler: S. 6, 7; Frank Hecker: S. 2, 11, 33, 147, 151, 153, 203, 231, 243, 223; Gartenschatz GmbH: S. 146; Gartenschatz GmbH/Kosmos: S. 149, 152, 180; Gottfried Auer, www.dirndltal.at: S. 134; Hans E. Laux: S. 172, 174, 175, 236; Heiko Bellmann: S. 22, 23, 32, 73, 120, 144, 199, 203, 210, 212, 235; Holger Haag: S. 148; Klaus Wagner: S. 171; Liebgard Jennerich: S. 83; Manfred Höfer: S. 56, 66, 116, 165; Manfred Pforr: S. 122, 181; Marie Jeanne Illiescu: S. 10; Michael Powles: S. 98; Nigel Cattlin/Holt Studios: S. 239; Oliver Giel: S. 216; Peter Zeininger: S. 101, 161, 167, 168; Reinhard Tierfoto: S. 60, 176, 230, 232; Renate Promitzer: S. 217; Robert Groß: S. 47, 158, 159; Sauer: S. 204; Silvestris: S. 227; Swetlana Wall: S. 187; thanses: S. 205; Thomas Grüner: S. 155; Tom Bayer: S. 95